档案管理基础理论与实践研究

刘 颖 刘一凡 孙 佳 ◎著

吉林人民出版社

图书在版编目（CIP）数据

档案管理基础理论与实践研究 / 刘颖 , 刘一凡 , 孙佳著 . -- 长春 : 吉林人民出版社 , 2023.11
ISBN 978-7-206-20626-9

Ⅰ . ①档… Ⅱ . ①刘… ②刘… ③孙… Ⅲ . ①档案管理 – 研究 Ⅳ . ① G271

中国国家版本馆 CIP 数据核字 (2023) 第 227222 号

责任编辑：韩春娇
封面设计：守正文化

档案管理基础理论与实践研究
DANG'AN GUANLI JICHU LILUN YU SHIJIAN YANJIU

著　　者：	刘　颖　刘一凡　孙　佳
出版发行：	吉林人民出版社（长春市人民大街 7548 号　邮政编码：130022）
咨询电话：	0431-85378033
印　　刷：	天津和萱印刷有限公司
开　　本：	710mm×1000mm　　1/16
印　　张：	10　　　　　　　　字　数：170 千字
标准书号：	ISBN 978-7-206-20626-9
版　　次：	2024 年 1 月第 1 版　　印　次：2024 年 1 月第 1 次印刷
定　　价：	48.00 元

如发现印装质量问题，影响阅读，请与出版社联系调换。

前　言

　　档案是历史的真实记录，通过档案我们可以了解过去、把握现在、计划未来。在我国的社会发展实践中，档案能够为人们的生活与工作提供重要的信息资源，也能够为维护广大人民的合法权益提供有效的支持。因此，应重视发展档案事业，做好档案管理工作。档案管理工作是用科学的理论和方法管理档案，提供档案为各级党政机关、社会组织和个人服务的工作。档案管理工作的基本任务是收集齐全、妥善保管、整理加工和开发利用各种门类和载体的档案，不仅为档案形成者的各项管理工作服务，而且应承担起记录历史、传承文化的社会重任。时代在发展，新的科技不断涌现，为档案管理工作的创新带来了新的机遇。在这样的背景下，档案管理工作只有与时俱进，改变观念，不断学习方能不被时代淘汰。在新的设备和先进的管理思想的帮助下，档案管理工作可以比以往更高效、更规范。档案管理工作者要主动学习世界先进的管理思想和方法，学习先进的技术设备的操作，并将其与档案管理工作很好融合。在这样的努力之下，档案管理工作必将有效利用更多有价值的档案信息资源，为读者提供高质量、高水平的服务，实现档案工作的科学化、规范化与现代化。本书将围绕档案管理基础理论与实践研究展开论述。

　　本书第一章为档案管理的理论概述，分别介绍了档案的发展沿革和基本意义、档案工作的基本原则、档案管理的主要概念和管理范围、现代档案管理工作的含义四个方面的内容；本书第二章为档案管理工作的主要内容，主要介绍了五个方面的内容，依次是档案的收集与整理、档案的鉴定与保管、档案的检索与编研、档案的利用与统计、档案管理的研究对象；本书第三章为档案管理优化策略与路径，分别介绍了四个方面的内容，依次是强化档案资源集聚、创新档案服务内容、加强三位一体防护、强化行政能力；本书第四章为档案管理工作的现代化，主要介绍了四个方面的内容，分别是档案工作现代化的意义、内容及影响和档案工作技术现代化、档案工作管理现代化、档案工作标准化；本书第五章为档案信息化管理的创新模式，分别介绍了不同载体的档案进行统筹管理、文件档案实行一体化管理、推动馆藏档案的数字化应用、推动档案资源的社会化利用、档案资源实行多元化保存、数字档案实行安全性保障六个方面的内容；本书第六章为信息时代的档案馆发展，主要介绍了三个方面的内容，分别是认识数字档案馆与智慧档案馆，数字档案馆的组织、建设与应用和智慧档案馆的价值、特征与发展。

在撰写本书的过程中，作者参考了大量的学术文献，得到了许多专家、学者的帮助，在此表示真诚地感谢。本书内容系统全面，论述条理清晰、深入浅出，但由于作者水平有限，书中难免有疏漏之处，希望广大同行及时指正。

刘 颖

2023 年 6 月

目 录

第一章 档案管理的理论概述 ... 1
 第一节 档案的发展沿革和基本意义 ... 1
 第二节 档案工作的基本原则 ... 8
 第三节 档案管理的主要概念和管理范围 ... 12
 第四节 现代档案管理工作的含义 ... 15

第二章 档案管理工作的主要内容 ... 22
 第一节 档案的收集与整理 ... 22
 第二节 档案的鉴定与保管 ... 28
 第三节 档案的检索与编研 ... 32
 第四节 档案的利用与统计 ... 35
 第五节 档案管理的研究对象 ... 38

第三章 档案管理优化策略与路径 ... 43
 第一节 强化档案资源集聚 ... 43
 第二节 创新档案服务内容 ... 48
 第三节 加强三位一体防护 ... 51
 第四节 强化行政能力 ... 54

第四章 档案管理工作的现代化 ... 59
第一节 档案工作现代化的意义、内容及影响 ... 59
第二节 档案工作技术现代化 ... 64
第三节 档案工作管理现代化 ... 69
第四节 档案工作标准化 ... 73

第五章 档案信息化管理的创新模式 ... 76
第一节 不同载体的档案进行统筹管理 ... 76
第二节 文件档案实行一体化管理 ... 80
第三节 推动馆藏档案的数字化应用 ... 85
第四节 推动档案资源的社会化利用 ... 91
第五节 档案资源实行多元化保存 ... 95
第六节 数字档案实行安全性保障 ... 98

第六章 信息时代的档案馆发展 ... 108
第一节 认识数字档案馆与智慧档案馆 ... 108
第二节 数字档案馆的组织、建设与应用 ... 120
第三节 智慧档案馆的价值、特征与发展 ... 140

参考文献 ... 153

第一章 档案管理的理论概述

本章主要介绍档案管理的理论概述,主要从四个方面进行了阐述,分别是档案的发展沿革和基本意义、档案工作的基本原则、档案管理的主要概念和管理范围、现代档案管理工作的含义。

第一节 档案的发展沿革和基本意义

一、档案的发展沿革

我国是一个具有悠久历史和灿烂文化的文明古国,文字与国家的形成是档案产生必不可少的条件。千百年来语言文字的创造、更新和发展,沉淀着人类思想的底蕴,漫长的中华民族文明史,留传给我们后人的是无与伦比、珍贵而又丰富的档案文献,考察档案的起源、档案的沿革,对于我们用辩证唯物主义和历史唯物主义的方法论认识和研究档案,科学地管理档案起着重要的作用;对于了解一个国家、一个民族的历史及当代社会和未来发展同样具有重要的意义。

中华民族历史悠久,创造了光辉灿烂的人类文明。中华民族在创造文明进程中形成的年代久远、数量浩瀚、内容丰富、价值珍贵的档案资源实为世所罕见。档案载体多姿多彩,从甲骨、金石、简牍、缣帛到纸墨文书,经历了长期的发展演变。随着社会的不断进步,档案载体也在继续发展。

(一)甲骨档案

我国早在殷商时期就已形成历史档案,这也是我国现存最早的系统的官府文书,称之为"甲骨档案",距今已有3000多年的历史,其总量在15万片以上。甲骨档案主要是指把人类的社会活动经过、结果等记刻在龟甲、兽骨上而形成的数量庞大、内容丰富的商周时期的档案。殷商时期，帝王们崇尚迷信，无论打仗、出巡、祭祀、狩猎、畜牧、农耕，还是发生了灾害、疾病，都要在神庙用龟甲或兽骨占卜吉凶。然后，将占卜的时间、占卜人的姓名、所问事项以及事后结果，都刻在甲骨上，并且集中存放在宗庙内保存起来，这就是甲骨档案。甲骨是当时的占卜材料，也是当时档案的主要载体。甲骨档案主要集中于商代，现在所保存的甲骨文多为盘庚迁殷至纣亡的273年间的遗迹。

甲骨档案是我国迄今为止所发现的最早的档案，记载了商代的政治、军事、经济、社会生活等方面的情况，是我国最珍贵的古代文字档案，也是研究商代历史的珍贵史料。该种档案制成材料之特殊，年代之远，数量之多，在世界范围内也是绝无仅有的。它是我国古老文明的光辉明证，也是我国丰富文化遗产中的珍品。

（二）金石档案

金文是铸刻在金属鼎彝器上的一种铭文，也称钟鼎文，一般是指冶铸在青铜器上的文字。古人称铜为金，故又常称钟鼎文为金文。随着社会的进步和文明的发展，甲骨档案逐渐退出了历史舞台。西周时期，青铜器手工业大力发展，进入极盛时期，不但冶炼技术极其高明，而且分布也很广泛，为金文的发展提供了坚实的物质技术条件，此时刻于青铜器上的文字数量增多，记事广泛，具有了书史的性质。据不完全统计，已出土的周代青铜器达5000多件。由于周代奴隶制的发展和疆域的拓展，国家权力的加强、分封和征战，以及科学文化活动等社会实践，周代的许多青铜铭文具有档案的性质。钟鼎彝器中作为记事和凭信的金文，在档案学上称为金文档案。周代金文档案内容相当广泛，记载了祀典、册命、赏赐、志功、征伐、诉讼、契约等各个方面的事迹，这对研究当时的历史具有极其重要的史料价值。

秦汉以后，随着铁器时代的到来以及秦汉统一帝国活动的发展，石刻档案盛行，数量增多，内容丰富，既有帝王出巡、狩猎、宣扬功德、生产活动、社会重要事件的记述，也有颁发政令、规定法纪的文告等。采用石刻形式发布文告，既能使传知的范围广大，又有利于长久流传，故而直到明清、民国时期仍有所见。

现在人们所称的金石档案，还包括诸如铁券、金册等一些金属载体形式的档案，多是王朝对有功臣官和有关首领人物的册封。我国的档案馆和博物馆还保存有古代"铁券""金册"等实物，如清政府颁发给五世达赖和十一世达赖的金册，至今仍光彩夺目。这些都是当时的贵重文书，现在成为稀世的古代档案和文物珍品。

（三）简牍档案

在殷商、西周时期，与甲骨、金石档案并存的还有简牍档案。简牍档案又称简册档案，它是以竹片和木板为载体书写的文书和书籍，在殷商、西周官府档案中，就有许多简牍档案。金石档案虽坚固耐久，但载体笨重，制造费工，且不便传递，所以，商周至东晋时期，特别是从周代到汉代的1000余年间，多用竹片和木板撰写文书与保存档案。写在竹片上的叫作"简"，把许多简编连起来叫作"策（册）"，写在木板上的叫作"牍"，统称"简牍"。"大事书之于册，小事简牍而已"。古人将竹片、木牍用绳或牛皮条串起来，就是人们所说的"简编成册"。20世纪30年代在西北居延（今内蒙古自治区境内）汉代烽燧遗址中发现1万余枚汉简，称为"居延汉简"。

（四）缣帛档案

随着生产力的发展，丝织行业也发展起来，战国以后，特别是西汉，出现了以丝织品为书写材料的档案。缣帛是一种光洁细薄的丝绢，质地柔软轻便，书写方便，传递方便，可随意折叠、卷轴，易于保管和携带，便于阅读，弥补了简牍档案笨重量多、不便传阅的不足，所以汉代用它书写宫廷文书，由此产生了缣帛档案。用缣帛书写的文件可以舒卷，一份文件可卷成一束、一轴，所以又叫"案卷""案轴"。缣帛作为文书和档案的载体材料，比起竹木简牍显然更具有优势。使用简牍上一份秦奏章，竟有多达3000片的。秦始皇处理公文也有"日读一担"的记载。一天要看100斤文件，其不便之处可想而知。现存的缣帛档案有从长沙楚墓中出土的帛书，属于战国时期的古文书。汉墓中发现了较多的帛书，其中有我国迄今所见的最早的舆图档案，也是世界上迄今已发现的最早的地图。但是丝织品作为贵重物品，成本很高，多数在宫廷和皇族、贵族中使用，无法普及，到了魏晋南北朝，随着纸张的广泛应用，缣帛的使用量锐减，但是封建王朝的一些重要文书仍用丝织品书写。直到清代，朝廷颁授文武官员的诰命、敕命等封赠文书还在使用绫锦。

（五）纸质档案

缣帛档案固然有其当时历史条件下的优点，但缣帛价值昂贵，无法推广使用。随着社会经济、政治、文明的不断发展，勤劳智慧的中华民族早在汉代已发明了造纸术，造纸术的发明可谓是我国古代文化史上的一件大事，对人类文明做出了巨大贡献，使档案和其他文献载体、记录方式发生了空前的大变革。用纸作为书写材料，形成了纸质档案，使我国档案和档案工作进入了一个新的历史阶段。当时，简、帛、纸几乎是同时用来作为书写材料的，因为简重帛贵，不便于广泛使用，而纸张质地轻软，价格低廉，又易于书写、传递和收藏，所以纸逐渐代替了简、帛，成为主要的书写材料，且一直沿用至今。

我国虽然在东汉时期就发明了纸张，但纸完全代替竹木、缣帛而成为官府公文用纸是在魏晋南北朝时期。到了唐、宋，用纸更为普遍，加之印刷术的出现，纸张被广泛应用于写文书。我国现存最古老的纸质档案是西晋文学家陆机所写的《平复帖》，这也是世界上现存历史最久的纸质档案。

（六）新型档案

随着科学技术的发展，档案的制成材料和书写形式也在不断地变化。到现在，档案又出现了一些以新的制成材料和特殊记录方法为形式的新型档案，如音像档案、电子档案。

我们通过了解档案的起源、演变发展及其历史条件，可以看出各个历史时期的档案虽然载体各异，但档案的功能是一致的，都具有记录、备忘和凭证的作用；档案的产生过程也相同，都来源于人们的社会实践活动；档案的保存有着不可替代的价值和作用。

认识档案的价值是理解档案和档案管理的前提，对做好档案工作具有重要的意义。

二、档案的基本意义

档案管理工作是档案部门直接对档案实体和档案信息进行管理并提供利用服务的各项业务工作的总称，也是国家档案事业最基本的组成部分。具体讲，即对于处理完毕并具有保存价值的各种文件实体及信息进行收集、整合、鉴定、保管、开发和提供利用的一系列业务活动。在现代社会，档案不仅是各类单位在行政管理、产品研发、生产和销售、经营管理等活动中必然生成的原始记录，而且档案还是各单位管理创新、技术创新和提高竞争力的一种重要的智力资源。为此，档案管理就成为各单位一项必不可少的、具有较强专业性的管理工作。

（一）档案的基本作用

1. 机关工作的查考凭据

档案记录了各种机关、单位过去活动的状况，其中包括行使行政职权的法律依据，处理行政事务的过程与结果以及管理活动的经验，它是任何一个政府、任何一个机关单位连续工作必须查考的凭据。《现代档案——原则与技术》认为档案"是一个政府借以完成其工作的基本行政工具"。[①] 我们党和国家历来强调办事要实事求是，各种机关单位为了有效地实行管理，必须切实掌握材料。档案可以为党、政、军等机关、企事业单位的领导工作和业务管理提供证据和咨询资料，借以熟悉情况、总结经验、制订计划、进行决策、处理各种问题。否则，只靠记忆处理工作则有时无以为凭，或往往有失准确，对间隔日久的事务人们难免遗忘。

例如，许多机关在建立和健全工作制度、进行改革、落实各项政策和制定规则等各种活动中，大量地查考了档案，顺利地推动了工作。有的地方档案散失，"无案可查"，则给工作造成许多困难。事实证明，大至制定党和国家的方针、政策，小至处理机关单位的具体事务，档案乃是行政管理的一种工具，充分发挥档案的作用有助于克服官僚主义，提高工作效率。

2. 生产建设的参考依据

档案中记载了各种生产活动的情况、成果、经验和教训。从自然资源、生产手段到生产过程以及计划管理和生产技术等各方面的信息，都可以作为工农业生产和经济管理的科学依据和参考材料。当今日益增多的科学技术档案，更是进行现代化生产管理和科学技术管理的重要条件。但是，无论普通档案，还是科学技术等专门档案，总的来说，都在不同程度上和不同的方面反映了经济活动的情况，都能为以经济建设为中心的现代化建设提供咨询研究、统计监督的情报信息，对

---

① ［美］T·R·谢伦伯格. 现代档案——原则与技术[M]. 北京：档案出版社，1983.

制订经济计划、检查和总结生产情况、推广先进生产技术和管理经验以及防止灾害等，都是重要的参考材料。

3. 科学研究的可靠资料

无论是自然科学还是社会科学、思维科学的研究，都必须详细地占有材料，才能据以潜心钻研，探索事物发展的规律。档案可以从两方面为科学研究提供丰富的历史资料：一方面，专门进行科学研究的原始记录可供现实的研究工作直接借鉴；另一方面，从记录的广泛事实和经验中，为各项研究活动提供大量的实验、观察和理论概括的基础材料。所以，档案是科学研究的必要条件。我国水利、气象、地震等方面取得的某些科研成果，也是利用几百年来大量有关档案材料经过分析研究的结果。所以人们常常比喻说，它是从事科学研究不可缺少的"粮食"。

4. 宣传教育的生动素材

档案之所以成为宣传教育的生动素材，是因为它以历史性、直观性和原始性等而见长。

档案能够以其内容、含义和外形特征如实地说明历史上的某些事实作为证实国家、集体和个人正当利益的书面文件。因为档案在反映社会各种具体活动的同时，也反映了当事者应有的合法权益，其中包括立法性质的文件、证明文件和相互交往的各种材料。例如法律、法规、协议、合同、名单、记录、报告与批件、书信、账本、单据、存根等这些原始材料，有的规定了各种社会关系、经济关系和政治关系的组成，有的记载了有关事件的过程，各方面承担的权利和义务以及当事人具有的资历、待遇和荣誉。在这些方面产生疑问、争执或纠纷时，档案最能有力地说明权益的归属，成为权威性的法律证书，并有一定的物证作用。长期以来，为了证实国家、机关单位和个人的合法权益，档案发挥了广泛的作用。许多单位和个人以档案为证据解决了债务、产权和著作权等各种纠纷，证实了个人的学历、经历以及工资、福利待遇方面的诸多问题。

（二）档案发挥作用的规律

档案的作用是客观存在的，但是其实现的方向、程度和方式却因时空环境的不同而有所不同，并表现出一定的规律性。

1. 档案作用从形成单位向社会扩展

档案对其形成单位和对社会的作用具有双重性和过渡性。档案对于形成单位的作用被称为"第一价值",对于社会的作用被称为"第二价值"。在实践中,出于多种原因档案的"第一价值"和"第二价值"往往不是在同一的时间和空间范围内实现,而是由实现"第一价值"过渡到实现"第二价值"。

(1)档案"第一价值"的实现

在档案形成以后的相当长的时期内,本单位需要较为频繁地查阅和利用档案,为解决工作问题服务。这时档案发挥作用的主要场所是单位的档案室。档案对形成单位的作用,是促使形成单位积累档案的动力。档案对其形成单位的作用发挥得越充分,形成单位积累档案的积极性就越高。

(2)档案"第二价值"的实现

档案的"第一价值"实现到一定的阶段,单位对于形成时间较长档案的现实利用需求逐渐减少,利用率降低至消失。这时,档案应该从"第一价值"向"第二价值"过渡,发挥其社会作用。档案在实现"第二价值"的时候,它的保管地点需要从形成单位的档案部门向国家设立的各级各类档案馆转移。

2. 档案作用方向的多元化趋势

文件转化为档案以后,不仅从主要发挥现行效用转变为主要发挥历史查考作用,而且发挥作用的方向也会发生一些变化。原始文件的形成往往是出于行政或业务的单一目的或用途,比如:一个单位的员工名册是出于员工管理的需要形成的;一套修筑铁路工程的设计图纸是出于工程的需要形成的。但当它们成为档案后,发挥作用的方向则可能超越其形成的工作目的或用途,扩展到其他的领域。比如员工名册、账册、房地产契据可以作为研究社会或经济问题的资料;修筑铁路的技术图纸可以作为边界谈判时维护国家领土完整的证据。领导讲话等文件可以成为宣传教育的素材等。

了解档案作用从形成单位向社会扩展的规律作用方向的多元化趋势,有助于我们在对文件进行鉴定时全面地预估档案的价值,准确地为本单位和国家挑选和留存档案。

3. 档案的机密程度逐渐递减

众所周知,一些现行文件具有机密性。当文件转化为档案之后,为了维护国家、单位及个人的政治、经济利益,对具有机密性的档案仍需采取保密措施加以管理。所谓保密就是指档案准许利用的范围和利用程度,在这方面我们应该按照国家的有关规定执行。

同时,我们又应该看到,随着时间的推移和条件的变化,档案的机密性也会发生变化。一般来说,档案机密性的逐渐弱化是一个总的趋势,表现为档案机密性的强弱与档案保管时间的久暂成反比。档案管理者应该善于利用档案机密程度递减规律,依法逐渐扩大档案的开放范围,广泛实现档案的价值。

4. 档案作用的发挥取决于一定的条件

(1)社会环境

社会环境包括社会制度、国家的法制情况和方针政策、社会的经济发展水平等,它们对于信息公开的程度、档案作用发挥的程度、方向等都有直接的影响。良好的社会环境能够使档案的作用得到充分的发挥。

(2)人们的档案意识

档案意识是指人们对档案的认知水平。人们若具有较强的档案意识,就会引发利用档案的需求,从而使档案作用得以发挥;档案意识淡薄甚至没有档案意识,即使有利用档案的需求,也难以转换为利用档案的现实行为。

(3)档案的管理水平

档案要依靠管理工作才能发挥作用。档案管理体系健全,方法科学,管理手段现代化程度高,工作质量优良,就能够使利用者方便、快捷、准确地获得所需要的档案或档案信息,从而使档案作用得以发挥。因此,提高档案管理水平,实现档案管理的现代化,提供优质高效的档案利用服务,是促进档案作用充分发挥的重要条件。

第二节 档案工作的基本原则

我国档案工作基本原则的形成和确立,有一个不断发展和完善的过程。1955年中共中央批准的《中国共产党中央和省(市)级机关文书处理工作和档案工作暂行条例》中第一次提出了档案工作的基本原则。此后,1956年国务院颁布的《关于加强国家档案工作的决定》和1959年中共中央发出的《关于统一管理党、政档案工作的通知》中,进一步丰富和发展了档案工作的基本原则。1987年9月5日公布的《中华人民共和国档案法》用法律的形式明确规定了我国档案工作的基本原则是:"档案工作实行统一领导、分级管理的原则,维护档案的完整与安全,便于社会各方面的利用。"其基本内容由以下三个部分组成:

一、统一领导、分级管理

统一领导、分级管理是档案工作的组织原则和管理体制,它是我国档案工作多年来行之有效的"集中统一管理"原则的继续和发展。其主要内容可概括为如下四个方面:

第一,统一领导,统一管理。现代国家规模的档案工作,需要强化政府对档案工作的统一领导,许多重要的档案工作法规要由政府来颁布和组织实施。所以,《中华人民共和国档案法》明文规定:"各级人民政府应当加强对档案工作的领导,把档案事业的建设列入国民经济和社会发展计划。"这就使档案工作的基本原则更突出了"统一领导"。为了统一领导和统一管理全国的档案工作,从中央到地方都设立了相应的档案行政管理部门和各级档案管理机构。它们既是党的机构,又是政府机构。各级人民政府均应把档案事业建设纳入国民经济和社会发展计划。各级档案行政管理部门必须在各级党和政府的领导下进行工作,按照党和国家的有关法规主管档案事业。一切机关、团体、企事业单位以及其他组织和个人,在处理档案事务时,也必须按照党和政府的有关法规办事,不得各自为政。

第二,国家全部档案分别由各级档案保管机构集中管理。各机关、团体、企业、事业单位形成的档案,均先由各单位的档案室集中管理,不得由承办单位或个人分散保存;各单位形成的需要长久保存的档案以及中华人民共和国成立前的历史档案,均由各级、各类档案馆保存;一切档案非依规定和批准手续,不得随意转移、分散或销毁。

第三,全国档案工作由各级档案事业管理机构统一、分级、分专业进行管理。所谓统一管理,就是在全国范围内实行统一的业务指导和监督。全国档案事业由国家档案局掌管,它根据党中央和国务院的指示和决定,对国家档案工作实行全面规划和统筹安排,制定统一的档案法规和业务标准,提出统一的方针政策,实行统一的指导、监督和检查。

所谓分级管理,是指全国档案工作由各级档案事业管理机关分层负责地进行管理。各地方档案事业管理机关可以按照国家有关档案工作统一的规定和要求,结合本地区情况，制定本地区档案工作的规则、制度和办法，指导监督和检查本地区的档案工作。

所谓分专业管理，是指中央和地方专业主管机关根据本专业的管理体制，可按照国家关于档案工作统一的规定和要求，结合本专业情况，制定本专业的档案工作规划、制度和办法，指导、监督和检查本系统各单位的档案工作。

第四，实行党政档案和党政档案工作的统一管理。我国在1959年以前，党和政府的档案和档案工作是分别管理的。1959年1月以后，根据党中央关于统一管理党、政档案工作的指示，在全国范围内实行党政档案和党政档案工作的统一管理。其内容是：一个机关的党、政、工、团的档案，由机关档案室集中管理；各级党、政机关形成的具有长远保存价值的档案，由中央档案馆和地方综合档案馆集中管理；党的系统、政府系统的档案工作，由档案事业管理机关统一进行指导、监督和检查。这是我国档案工作管理体制的显著特点之一。

二、维护档案的完整与安全

维护档案的完整与安全是档案管理的基本要求，是各级档案部门的首要任务。只有维护档案的完整与安全，才能为档案工作提供必要的物质条件。

第一，维护档案的完整。档案的完整有两方面的含义：一方面，从数量上要保证有价值的档案齐全完整，保证应该集中和实际保存的档案不致残缺短少；另一方面，从质量上，即从系统性方面，要维护档案的有机联系和历史真迹，不能割裂分散或者零乱堆砌，更不能篡改、剪裁，使档案失真。

维护档案数量上的完整与质量上的完整是互相联系、互相作用的，是辩证的统一。只有档案数量齐全，才能保证档案系统完整；只有切实地维护档案的系统性，才能为检查和实现档案数量的齐全提供科学根据，从而维护档案数量完整。

第二，维护档案的安全。档案的安全也有两个方面的含义：一方面要保证档案管理的物质安全，力求档案本身不受损坏，尽量延长档案的寿命；另一方面要保证档案管理的政治安全，保护档案，使档案免遭人为的破坏，档案机密不被盗窃，不失密。

维护档案的完整与安全是互相联系的统一要求。只有维护档案的完整，才能有效地保证档案的安全；同时，只有维护档案的安全，才能保证档案的完整。档案的散乱和丢失,会造成档案的损坏和政治上的不安全;档案遭受损失和破坏,会影响档案的完整。

三、便于社会各方面对档案的利用

便于社会各方面对档案的利用,是档案工作的根本目的,也是检验档案工作的主要标准。档案工作的全部管理活动的最终目的,表现在提供档案信息为社会各项工作所利用。因此,便于社会各方面对档案的利用是整个档案工作的基本出发点,支配着档案工作的全过程,表现为档案工作的归宿。这个思想必须贯穿在档案工作各个方面和档案管理的各项业务工作中。档案工作规章制度的建立,各项工作的开展,都是为了实现这一目的。整个档案工作的好坏,也主要应从是否便于利用来检验和衡量。

上述三个方面的思想内容互相联系、互相作用。统一领导、分级管理是核心,没有统一领导、分级管理,就不能维护档案的完整与安全,也就不能便于社会各方面的利用。统一领导、分级管理,维护档案的完整与安全,又都是为了便于社会各方面利用档案。要做到便于利用,就必须实行统一领导、分级管理和保证档案的完整与安全,为便于利用提供组织保证和物质基础。离开了便于社会各方面的利用,统一领导、分级管理和维护档案的完整与安全就失去了意义和方向。所以,我们必须全面、完整地理解档案工作的基本原则,并在整个档案工作中切实贯彻执行。

综上所述,我国档案工作的基本原则是辩证统一的有机整体,具有丰富的思想内容。它作为档案工作最基本的原则,影响和决定着档案工作各个环节的一切具体原则和方法。在档案工作中,只有始终遵循这个基本原则,才能使档案工作健康地发展。

第三节 档案管理的主要概念和管理范围

一、管理维度

维度，又称维数。维度在数学中表示独立参数的数目；在物理学指独立时空坐标的数目；而哲学等领域内，维度表示具有共同特征的一些事物所构成的特定区域，此时的维度是指一种视角，而不是一个固定的数字，是一个判断、说明、评价和确定一个事物的多方位、多角度、多层次的条件和概念。

所谓管理维度，是在对管理活动要素类型进行剖析的基础上，对管理活动空间范围和视角方位的具备程度、判断条件和评价标准的表示，即对管理活动赖以存在的内外条件予以描述、判定和评价的概念集合。对管理维度进行描绘与构架时，一般要从两个以上具有互斥性的视角予以划分和考察，本书即认为管理活动必须包含于管理内容、管理资源和管理方式三个主要维度之中（图1-1）。

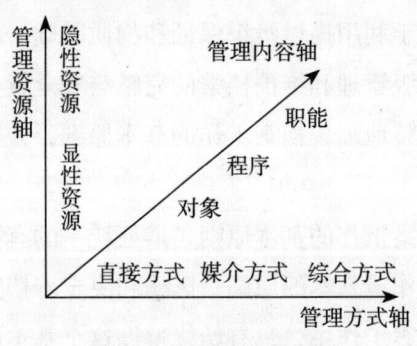

图1-1 管理维度示意图

二、管理内容

内容，是事物所包含的实质性事物，即事物内部所含的实质或意义或物件里面所包容的东西，哲学上是指事物内在因素的总和，往往与"形式"相对。

管理内容即管理活动的对象及管理活动所要实现的职能和任务。也就是说，对于某一特定的管理活动和行为，其管理内容既可以是具体的对象标的，也可以是抽象的过程，还可以是具有更深内涵的职能，特别是许多宏观的管理活动中，对程序和职能的管理更是其日常工作的主要内容。如档案管理活动中，档案工作者和档案信息自然都是管理内容，而对文件案卷的收集、整理等过程也是管理内容，此外档案管理机构的职能同样还是管理内容，只是考察的层面和范围不同而已。

归于管理内容的档案学研究包括对文件（档案）概念和现象的研究、对档案管理程序的研究、对档案管理职能的研究。

三、管理资源

资源在词典中的解释为：可利用的自然物质、生产资料或生活资料等的来源。本书所述的管理资源即为管理活动所需的资源。

一般认为，所谓管理资源无非就是传统的"人力、物力、财力"资源，再加之近年来比较吸引眼球的"信息资源"，而资源管理就是人力资源管理、物业管理、物流管理、财务管理、信息资源管理等，这些理解和认知比较通俗易懂，但同时也略为粗浅和表象，因为这些观点对管理资源缺乏深层次的思考与研究，只注意到了显性的基础性资源，忽略了规则、权力、人脉、文化等半显性或隐性的"特有资源"。

管理资源包括显性资源、半显性资源和隐性资源，前者有如人力资源、物力资源、财力资源，中者如技术、规则和信息资源等，后者诸如权力、人脉和文化等，显性和半显性资源是管理活动中的"资质因素"，而隐性资源是其中的"动力因素"，这些关键、重要的管理资源实际上都是管理的命脉。

管理资源还可分为基础性资源和"特有资源"两个层次，前者有如人力资源、物力资源、财力资源和信息资源等，为管理活动提供外在保障，后者诸如规则、权力、人脉和文化等，为管理提供内在保障。管理活动中两类资源都是不可或缺的，如作为管理"特有资源"的"权力"是一种单方面的影响力，"单方面"是指权力的"非对称性"，这种"非对称性"的资源是"稀缺的或者具有潜在稀缺特征的资源"；规则包括"明规则"和"潜规则"，具体形态包括规章制度、道德法律、风俗习惯、社会结构等，规则的形成和行使是建立在特定的"权力诉求"之上的，而规则肩负着"权力诉求"载体的重任，离开规则管理活动无法进行，管理目标也就无法实现。

管理资源的档案学研究包括两方面：一是研究文件（档案）内容信息的开发与利用，作为管理活动重要的基础性资源之一，信息活动贯穿于各管理环节之中，其中的文件（档案）信息更具确定性和凭证性，能直接服务于管理的决策和组织，在管理活动中具有不可替代的作用；二是研究文件（档案）是如何实现对其他管理资源的保障，特别是在保障权力和文化等隐性资源中的功能和作用。

四、管理方式

方式通常是指说话做事所采取的方法和形式，也常解释为可用以规定或认可的形式和方法。因而管理方式既可指具体管理行为所采用的方式和办法，也可以抽象地理解为管理活动的通用手段或模式。简而言之，管理方式是依据管理内容的特点和要求，对管理资源进行整合、配置的方法与途径。

依据不同的标准，对管理方式的类型有不同划分：根据管理过程中是否产生言语行为，可以分为言语型管理方式与非言语型管理方式，前者如面谈、会议等，后者如文件、肢体表达等；根据管理行为发生的场合，可分为直接型管理方式（如现场、会见等）与媒介型管理方式（如文件、电话等）；据管理行为正式与否，可分为正式管理方式（如文件、会议等）与非正式管理方式（如暗示、闲谈等）；根据对资源处理的程度，管理方式可分为一次管理和二次管理两个不同层次，前者直接对管理资源进行配置，这种方式执行力较强，操作也较为简便易行，故极为常见，但常常极易导致资源的短缺或浪费，后者是在对管理资源进行有效整合后，予以再次分配和处置，这种方式对管理的内外环境要求相对较高，需要协调和考虑的因素较多，因而响应速度不及前者，但能更为充分地发掘和利用资源，从而获得更为理想的管理效果。

归于管理方式的档案学研究主要包括：直接与媒介管理方式对比；管理活动中文件方式的特点与功能；管理活动中文件方式构成要素分析；管理活动中文件方式影响因素分析；文件方式的历史梳理与创新研究。

第四节　现代档案管理工作的含义

我国自殷商时期就有了对档案的保管工作，在之后几千年的岁月里，档案工作经过奴隶制时期的以官吏为主体的管理阶段，封建制时期的档案库房管理阶段，"中华民国"时期的档案室管理阶段，进入中华人民共和国成立以后的以现代档案馆和档案室工作为核心的档案事业阶段。近年来，档案资源体系建设、档案利用体系建设和档案安全体系建设已经成为我国档案事业发展的战略目标，更是各单位档案发展工作方向的指针。

一、档案管理工作的内容含义

档案工作就是用科学的原则和方法管理档案为党和国家各项工作服务的工作。它的工作内容从广义上说，是指档案事业所包括的档案馆工作、档案室工作、档案事业管理工作、档案教育、档案科学研究、档案的宣传及出版等工作。从狭义上说，是指档案业务工作所包括的档案的收集、整理、鉴定、保管、统计、检索、编研和提供利用八个环节。由于我国的档案管理工作分布在档案室和档案馆两层机构中，所以这两层机构的工作内容既有相互衔接的部分也有一些需要反复操作的部分。

档案管理实际上是一种为单位和社会提供档案信息保障的工作。从工作性质来看，它具有服务性和机要性。服务性主要表现为：档案室（馆）的工作目标就是积极主动地为本单位和社会的各项工作提供优质的档案实体管理和档案信息服务；同时，也只有通过提供优质的服务才能促进档案管理工作的开展。档案中总会有一些涉及国家或单位政治、经济、技术、人事等机密的内容，那么档案管理工作就必然承担着保护档案机密安全的责任。

档案管理工作的性质要求我们：一是要熟练地掌握档案管理的业务内容、技能和规范；二是严格遵守职业道德，学会运用档案管理工作的原则，灵活地处理各种具体问题，充分发挥档案管理在各项工作中的信息保障作用。

二、档案的管理机构

（一）档案室

档案室是机关、团体、企业、事业单位中负责管理本单位档案的机构，是国家档案事业系统的基层组织。它是一个单位档案信息存储、加工和传输的服务部门，与本单位的领导和各组织机构发生联系，为领导决策、处理工作、组织生产进行科研等活动提供依据和参考材料。档案室是集中统一管理本单位档案的部门，是单位内部具有信息服务与咨询性质的机构，一般情况下不对外开放。目前一般的大、中型单位内部都设有档案室；而在那些规模小、人员少、内部机构少或无内部机构的单位，则可以指定专职或兼职的人员负责档案管理工作。

1. 档案室的职能

根据国家档案局制定的《机关档案工作条例》和《机关档案工作业务建设规范》的规定，档案室的职能主要有以下几个方面：

（1）对本单位文书部门或业务部门文件材料的归档工作进行指导和监督；（2）负责管理本单位的全部档案，积极提供利用，为单位各项工作服务；（3）按规定向档案馆移交应进馆的档案；（4）办理领导交办的其他有关的档案业务工作。

2. 档案室的类型

单位的性质、职能不同，其形成的档案的门类也有一定的差异，由此，档案室有如下类型：

（1）文书档案室

文书档案室也称为机关档案室，主要负责保管本单位党、政、工、团等组织的档案，中型以上的单位均设有这类档案室。

（2）科技档案室

科技档案室是负责保管科研、设计、生产过程中形成的科技文件材料的档案机构，一般设在科研院所、设计院所、工矿企业等单位。

（3）音像档案室

音像档案室主要负责保管影片、照片、录音带和录像带等特殊载体和记录方式的档案，新闻、广播、电视、电影、摄影部门中设有这类档案室。

（4）人事档案室

人事档案室是集中保管单位员工档案的机构，一些大型单位在人事部门中设有这类档案室。

（5）综合档案室

综合档案室是集中统一保管本单位各门类档案的机构。近年来，各单位新型门类档案的数量不断增加，使档案室收藏的档案向多门类发展，许多保存单一档案门类的档案室逐渐发展成为综合档案室。

（6）联合档案室（档案管理中心）

联合档案室（档案管理中心）是一些性质相同或相近、规模较小的单位共同设立的档案管理机构，其主要职责是集中统一保管各共建单位形成的档案。联合档案室是一种精简的、集约化的档案管理模式，比较适于规模较小的单位。

3. 档案室的体制

（1）文书档案室、综合档案室通常设在单位办公厅（室）的下面，由办公厅（室）主任负责；联合档案室可以由共建单位协商，责成其中的某一个单位负责管理。

（2）科技档案室及其他专门档案室设在相关的业务部门下面，由业务负责人管理。比如：在一些公司，科技档案室设在技术部门下面，由总工程师负责。而人事档案室一般由人事部门的领导负责。

（二）档案馆

档案馆是党和国家设置的科学文化事业机构，是永久保管档案的基地和对外提供档案服务的单位，因此，它成为社会各方面利用档案的中心。目前，我们国家各类档案馆的档案主要来源于单位的档案室，这样，档案室和档案馆之间就构成了交接档案的业务关系。由此，单位档案管理的质量将直接影响到档案的工作质量和效率。

1. 档案馆的职能

根据国家档案局制定的《档案馆工作通则》，档案馆的基本任务是：在维护党和国家历史真实面貌的前提下，集中统一地管理党和国家的档案及有关资料，维护档案的完整与安全，积极提供利用，为社会主义现代化建设服务。其具体职能如下：

（1）接收与征集档案；

（2）科学地管理档案；

（3）开展档案的利用工作；

（4）编辑出版档案史料；

（5）参与编修史、志的工作。

2. 档案馆的设置和类型

（1）综合性档案馆

综合性档案馆是国家按照历史时期或行政区划设立的，保管多种门类档案的档案馆。综合性档案馆是对社会开放的档案文化设施，因此又可称为"公共档案馆"。

我们国家的综合性档案馆分为中央级档案馆和地方级档案馆两种类型。中央级档案馆包括中央档案馆（设在北京）、中国第一历史档案馆（设在北京）、中国第二历史档案馆（设在南京），它们保管着具有全国意义的各个时期的历史档案和现行单位的档案。地方级档案馆分为省（自治区、直辖市）级档案馆、地区级档案馆和县级档案馆，它们负责保管具有本地区意义的历史档案和现行单位的档案。

（2）专门档案馆

专门档案馆是收集和管理某一专门领域或某种特殊载体形态档案的档案馆，分为中央级和地方级两个层次。例如：中国照片档案馆，大、中城市设置的城市建设档案馆等。

（3）部门档案馆

部门档案馆是中央和地方某些专业主管部门所属的，收集管理本部门档案的事业机构。例如：外交部档案馆、北京市科学技术委员会档案馆等。

（4）企事业单位档案馆

企事业单位档案馆是一些大型企业集团或事业单位在内部设立的档案馆，主要负责集中保管集团或联合体所属各单位需要长远保存的档案。例如：北京的首都钢铁公司档案馆、南京的扬子石化公司档案馆、上海交通大学档案馆等。企事业单位档案馆都是综合性档案馆，既收藏文书档案，也收藏科技档案和专门档案等，其兼有对内服务和对社会开放的双重性质。

此外，随着我国经济和社会的发展，以及社会各界收藏、保管、利用档案需求的增加，近几年来，我国除了国家的档案馆之外，还产生了一些新型的档案机构，例如"文件中心""档案寄存中心""档案事务所"等。其中，文件中心是为一个地区或系统中若干单位提供归档后档案保管服务的部门，它是介于文件形成部门和地方档案馆之间的过渡性的档案管理机构。档案寄存是由国家档案馆设立的，为各类单位及个人提供档案寄存有偿服务的机构。档案事务所则是为单位或个人提供档案整理、管理咨询等服务的一种商业性机构。另外，据报道，在我国的辽宁省和广东省还出现了私人开设的档案馆，收藏和展出一些有关个人的日记、文章、著作、证件、证章、珍贵的历史文献和照片等。

（三）档案局（处、科）

档案局（处、科）的性质是国家指导和管理档案工作的行政机关，也称为档案事业管理机关或档案行政管理机关。它的主要任务是：制定档案管理的规章、办法、业务标准和规范；制订档案工作的发展规划；对档案室和档案馆的工作进行业务指导、监督和检查；组织档案工作人员的业务培训和档案科学研究，以及对外宣传工作和国际交流活动等。

目前，我国的档案局是按行政区划分级设置的，分为国家档案局和地方档案局。地方档案局又分为省（自治区、直辖市）级档案局、地区级档案局和县级档案局，负责指导和管理本地区的档案事务。

档案处（科）是设置在专业主管机关中的档案行政管理部门，负责指导、监督和检查本专业系统内各单位的档案事务。

三、档案工作标准和单位的档案管理制度

（一）档案工作标准

档案工作标准主要是指由国家档案局发布的档案业务规范，分为档案工作国家标准和档案工作行业标准。档案工作国家标准包括《文书档案案卷格式》《科学技术档案案卷构成的一般要求》《档案分类标引规则》《CAD电子文件光盘存储、归档与档案管理要求》《照片档案管理规范》《电子文件归档与管理规范》等；

档案工作行业标准包括:《档案工作基本术语》《科学技术研究课题档案管理规范》《全宗指南编制规范》《档案著录规则》《档案主题标引规则》《归档文件整理规则》《档案缩微品保管规范》《纸质档案数字化技术规范》《公务电子邮件归档与管理规则》等。档案工作标准规定了对各种档案及主要管理环节的操作要求与质量标准，既是建立标准化、规范化档案管理工作的依据，又是进行档案日常管理工作的操作指南，需要我们熟练地掌握和运用。

（二）单位的档案管理制度

一个单位，在档案管理工作中除了要执行国家有关档案工作的法律、法规、规章和标准外，还应该针对自身的工作特点和实际需要制定一些规范性文件，以便在工作中使用。一个单位的档案管理制度应主要包括如下内容：

1. 档案工作制度

档案工作制度是根据国家的法律、法规，对本单位档案的范围、档案管理体制、管理分工、职责、档案保密、档案利用原则等所做的规定，是本单位所有部门和工作人员都要执行的规范性文件。

2. 文件管理规范

文件管理规范包括：归档范围、分类方案、整理归档要求等不同内容的文件，涉及单位文件处理部门和档案管理部门的分工与合作两方面的职责，是保证本单位档案在形成过程中完整、齐全的基础性文件。文件管理规范应该由单位的文书部门和档案部门共同制定。

3. 档案部门工作规范

档案部门工作规范包括：档案室工作职责和规范、档案工作人员的岗位职责、档案管理的流程和要求、档案库房管理制度、专门档案管理制度、档案利用制度、内部资料管理制度等文件，涉及一个单位档案管理工作的各个方面，是一个单位档案管理活动中必须具备的操作性规范文件。

一个单位建立健全档案管理制度的基本步骤是：分门别类地列出需要制定的档案管理制度的目录，收集国家和所在地方立法机关、行政管理机关、专业主管机关等制定的档案法律、法规、行政规章和工作标准，查找上级单位和本单位行政管理的有关规定，深入研究本单位的工作情况、文件形成和运行情况以及最近几年档案形成、管理利用的情况。在此基础上，应首先研究和确定本单位的档案管理体制和基本制度，制定出档案工作制度，然后再制定各方面具体的管理规范。当一整套档案管理制度的初稿完成后需要在单位内部广泛征求意见，认真审查文本，纠正不符合档案法规、标准的内容，调整各项规定之间的矛盾之处。定稿完成后需要以一定的形式在单位内部发布，开展宣传、培训、推行和实施等项工作。

第二章 档案管理工作的主要内容

本章主要介绍档案管理工作的主要内容，主要从五个方面进行了阐述，分别是档案的收集与整理、档案的鉴定与保管、档案的检索与编研、档案的利用与统计、档案管理的研究对象。

第一节 档案的收集与整理

一、档案的收集

（一）档案收集的含义

档案收集是档案管理过程的首要环节，标志着文件性质的变化和档案自身运动的一个阶段。档案收集工作的质量，直接影响档案的整理、鉴定、保管及统计工作的质量和效率，进而影响档案的社会服务质量和效益。

研究档案收集，有利于促进对入口阶段档案管理的方法变革和理念创新，是其他管理环节研究的条件和基础，并与这些后续研究紧密衔接、有机互动，对档案收集的研究极具实践指导意义，能促进和夯实档案资源的积累，为档案的保管、整理乃至提供利用奠定基础，是档案信息资源开发的前提和必须。

档案收集就是按档案形成的规律，把分散的材料接收、征集、集中起来。按照规定，通过例行的接收制度和专门的征集方法，把分散在各机关、部门、个人手中和散失在社会上的档案，集中到机关档案室和国家档案馆进行科学管理的一项业务环节。档案的收集工作可以分为两大部分：第一，对于单位的档案室来说，主要是按期接收归档的文件和进行必要的零散文件的收集；第二，对于各级各类档案馆来说，主要是接收档案室移交的档案、接收撤销机关档案和征集历史档案。

收集工作是档案部门取得档案的手段，也是它们开展其他业务活动的前提。

（二）档案收集工作的内容

档案收集研究的主要内容是档案收集的基础和原理，具体包括对档案收集工作的内容、意义和要求的研究，文件的归档研究，收集的步骤、阶段和方法研究等。

档案收集是接收、征集档案和有关文献的活动。档案收集工作的内容主要有以下三个方面：

（1）机关、企业、事业单位档案室对本单位需要归档档案的接收；

（2）档案馆对所辖区域内现行机关、企业、事业单位和撤销单位的具有永久、长期保存价值档案的接收；

（3）对中华人民共和国成立以前各个历史时期形成的档案的接收和征集。

档案收集工作不是一项简单的事务性工作，而是一项政策性、业务性很强的工作。一方面，档案收集工作具有明显的选择性。文件转化为档案是有条件的，在档案收集工作中必须严格把握这些文件，在归档和接收过程中认真筛选。档案选择是按照档案部门收藏范围的设计合理并全面进行的。另一方面，档案收集工作受档案形成者档案意识水平、价值观以及档案部门保管条件等多种因素的制约，需要综合研究、统筹规划，提高档案收集工作的质量。

（三）档案收集工作的地位

档案收集工作在整个档案管理中处于一种特殊地位，做好此项工作对整个档案管理工作具有重要意义：第一，档案收集工作是档案馆、档案室取得和积累档案的一种手段，它为档案工作提供了实际的物质对象，是档案业务工作的起点。第二，档案收集工作是实现档案集中统一管理的重要内容和一项重要的具体措施。第三，档案收集工作质量的高低，会直接影响到档案业务工作的其他环节的工作质量。第四，档案收集工作是档案部门与外界各方面发生联系的重要环节之一，这是一项政策性强、接触面广、工作要求较高的工作。

（四）档案收集的基本形式

档案收集是档案馆（室）取得和积累档案及有关资料的一项工作，是档案管理工作的重要环节。其手段主要有接收、征集和寄存三种形式。

按照法定的原则、程序和规定的制度移交和接收档案，是档案馆和档案室补充档案资源的最基本形式。其基本内容包括两个方面：

（1）各级国家机关和各种社会组织的档案室，按照规定接收本机关业务部门和文书处理部门办理完毕移交归档的文件；

（2）各级各类档案馆依据国家法律和有关规定接收现行机关和撤销机关的档案。

接收的范围和要求：

（1）档案室接收本机关工作活动中形成的具有保存价值的各种门类和载体的档案，包括科学技术档案、会计档案等各种专门档案，录音带、录像带、照片等各种特殊载体的档案。

（2）各级档案馆接收本级各机关、团体及所属单位具有长远保存价值的档案，以及与档案有关的资料。各个国家对于档案馆保管接收档案的范围不尽相同，有些国家的档案馆只接收具有永久保存价值的档案，有的也接收定期保管的档案。我国省以上档案馆接收具有永久保存价值的、在立档单位保管已满20年左右的档案，省辖市（州）和县级档案馆接收永久和长期保管的、在立档单位保管已满10年左右的档案。

（3）档案室和档案馆正常接收的档案，要求齐全并按规定整理好，进馆档案应遵循全宗和全宗群不可分散的原则，保持原有全宗的完整性及相关全宗的联系性。

征集流散在各机关、各部门、个人与国外的有价值的各种历史档案和相关资料是档案馆收集工作中必不可少的补充手段，分为非强制性和强制性两种。一般采取在协商的基础上，通过复制、交换、捐赠、有偿转让等方式，将档案集中到档案馆；在特殊情况下，集体和个人所有的对国家和社会具有保存价值的或需保密的档案，当其保管条件恶劣或者由于其他原因被认为可能导致档案严重毁坏和不安全时，国家可将其收购或征购入馆，也可代为保管。

寄存一般是通过协议的形式将档案存放到档案馆。寄存档案的单位或个人不失其所有权，并享有优先使用权以及能否准许其他人利用的决定权。已保存在博物馆、图书馆、纪念馆等单位的，同时也是档案的文物或图书资料等，一般由其自行管理。

（五）档案收集的制度

（1）档案收集包括档案的接收、征集以及网络数据采集等方式；

（2）档案材料收集范围：凡是对全区各项事业发展有参考利用价值的各类原始材料都属于档案收集范围；

（3）任何个人都不得以任何理由拒绝向区档案馆归档移交有价值的档案材料；

（4）档案材料收集应该形成定期送交制度和联系催要制度。

二、档案的整理

（一）档案整理的含义

档案的整理工作，就是将处于凌乱状态的和需要进一步条理化的档案有序化的过程。在档案管理活动诸环节中，收集是起点，利用是目的，而整理则是承上启下的关键。科学系统的档案整理不仅有助于档案的鉴定，还能在一定程度上促进档案的收集工作。

档案整理研究是档案管理理论的核心，有利于优化档案整理工作，加强文件档案之间的联系，充分体现档案的性质和特点，进而激活和发掘档案的利用价值，促进档案信息资源的开发，提高档案整理的科学化和标准化水平。在直接影响着整理实践的同时，档案整理的研究对档案管理其他环节理论和技术的发展也有着不可忽视的作用，能促进对档案管理全过程研究的良性发展和总体优化。

（二）档案整理工作的内容

档案整理工作包括区分全宗、全宗内档案的分类、立卷（组卷、卷内文件的排列和编号、填写卷内目录和备考表、拟写案卷标题、填写案卷封面）、案卷排列和编号、编制案卷目录等业务环节。

按照我国文书工作和档案工作的管理体制与分工，档案整理工作是分阶段进行的。其中全宗内档案的分类、立卷、案卷排列和编制案卷目录等业务环节，一般由文书部门或文书人员承担，即文书立卷；归档案卷的统一编号和排列由档案室承担；全宗的划分和排列多由档案馆承担。在某些特殊情况下，如当档案室

（馆）接收到整理质量不佳或基本未经整理的零散档案时，就需要对档案进行局部的或全部程序的整理。

1. 系统排列和编制案卷目录

这种情况是指档案室对接收的已经立卷归档的案卷，按照本单位档案的分类和排列规则，进行统一的分类、排列和编号，使新接收的案卷同已入库保存的档案构成一个整体。

2. 局部调整

这种情况是指对已经接收进档案部门的部分质量不合格的案卷所做的局部改动和调整工作。

3. 全过程整理

这种情况是指档案部门对于接收到的零散文件所进行的从区分全宗到编制案卷目录的全部整理工作。

（三）档案整理工作的基本原则

档案整理工作的基本原则是：保持文件之间的历史联系，充分尊重和利用原有的整理成果，便于保管和利用。

1. 保持文件之间的历史联系

保持文件之间的历史联系，是档案整理工作的根本性原则。文件之间的历史联系是文件在产生和处理过程中所形成的内部相互关系，也被称为文件的"内在联系""有机联系"。在档案整理工作中保持文件之间的历史联系，其目的在于使档案能够客观地反映形成者的历史面貌。文件之间的历史联系主要表现为以下四个方面。

（1）文件在来源上的联系

文件的来源一般是指形成档案的社会主体（组织和个人）。同属于一个形成者或同类型的文件在来源上有着密切的联系。因为不同来源的文件反映不同形成者历史活动的面貌，所以整理档案时必须首先保持文件在来源上的联系，也就是说，档案不能脱离其形成单位，同时，不同来源的档案也不能混淆在一起。

（2）文件在内容上的联系

文件的内容一般是指其所涉及的具体事务或问题，同一个事务、同一项活动、一个问题所形成的文件之间必然具有密切的联系。整理档案时，保持文件之间在内容上的联系，有利于完整地反映其形成者各种活动的来龙去脉和基本情况，也便于查找利用。

（3）文件在时间上的联系

文件的时间一般是指其形成的时间。整理档案时，保持文件之间在时间上的联系，有利于体现其形成者活动的阶段性、连续性和完整性。

（4）文件在形式上的联系

文件的形式一般是指其载体、文种、表达方式以及特定的标记等因素。不同形式的文件往往具有不同的作用、特点和管理要求。整理档案时，保持文件在形式上的联系，有利于揭示文件的特殊价值，便于档案的保管和利用。

2. 充分尊重和利用原有的整理成果

充分尊重和利用原有的整理成果是指后继的档案管理者要善于分析、理解和继承前人对档案的整理成果，不要轻易地予以否定或抛弃。在整理档案时充分尊重和利用原有的整理成果应该做到：第一，在原有整理成果基本可用的情况下要维持档案原有的秩序状态；第二，如果某些局部整理结果明显不合理，可以在原来的整理框架内进行局部调整；第三，如果原有的整理基础的确很差，无法实行有效管理，可以进行重新整理。但是，新整理时应该尽可能保留或利用原有基础中的可取之处。

3. 便于保管和利用

整理档案时，一般情况下，保持文件之间的历史联系与便于保管和利用之间是一致的。但是在某些特殊的情况下，二者之间可能会发生一定的矛盾。例如：产生于同一个会议的档案，有纸质文件、照片、录像材料，甚至还有电子文件等，它们的保管要求各不相同，在整理时就需要综合考虑各种因素，在保持文件之间历史联系的前提下，采取分别整理的方法，以利于档案的保管和利用。

第二节 档案的鉴定与保管

一、档案的鉴定

（一）档案鉴定的定义

档案鉴定就是鉴别和判定档案的价值，挑选出有价值的档案交给档案机构保存，剔除无保存价值的档案予以销毁。它直接决定着档案的存毁，是档案管理工作中最重要也是难度最大的一项工作。档案鉴定意义重大，通过鉴定工作，去其糟粕，留其精华，把档案分清主次，对珍贵档案予以重点保护，一则便于实现档案的安全保管；二则便于查找利用，使档案发挥其应有的作用；三则便于应对突发事变，不至于"玉石俱焚"；四则有利于充分利用档案库房和保管条件。

（二）档案鉴定的内涵

档案鉴定应包括档案保管期限鉴定、档案准确性鉴定、档案完整性鉴定、档案珍贵程度鉴定等方面。鉴于鉴定工作是在档案管理不同阶段依次分别展开的，因而可将档案鉴定划分为前期鉴定和后期鉴定。

所谓前期鉴定是指对文件材料保存价值的鉴定和对归档文件材料的准确性、完整性鉴定。因其是在文件材料立卷归档阶段完成的，处于档案文件运行前期，所以可将它们统称为前期鉴定，亦可称为归档鉴定。前期鉴定，一般无须成立专门的鉴定组织，是在工作中顺序完成的，只需严格管理制度、明确管理责任，由责任人如立卷人、案卷审核人、归档接收人等分工负责，共同把关，协作完成。它主要包括：

（1）保存价值鉴定

是指文件材料有没有保存价值、保存价值大小的鉴别，并依此确定文件材料归不归档、保管期限的长短。

（2）准确性鉴定

是指对归档文件材料的各种标识的准确性及其所承载的信息的准确性进行甄

别评定。前期鉴定中的准确性鉴定，主要是针对工作中因工作疏忽将归档文件材料的某些标识如责任者、时间、签章、竣工章等遗漏丢失，正文与底稿不相符，正本与副本不相符，基建图物不符，设备图物不符等诸多情况的检查。在文件材料归档时，由责任人进一步核实鉴别，并在案卷备考表中案卷检查人栏签字或以其他形式确认归档文件的准确性。

（3）完整性鉴定

归档时，责任人对围绕某个事件、某项工程、某个设备、某项任务所产生和使用的文件材料的完整性，每一份文件材料页数、图幅及底稿的完整性进行鉴别并签字确认，以确保归档文件材料的完整性。

所谓后期鉴定是指专门的鉴定委员会对档案进行鉴定。后期鉴定是档案馆（室）的重要业务环节，需要建立专门的、具有权威性的鉴定委员会，按特定的程序进行。其工作内容应包括档案评价、珍贵程度鉴定和保管期限鉴定等。

（1）档案珍稀程度鉴定

参考文物鉴定，制定国家珍贵档案鉴定标准和方法。可将国家档案根据其历史、科学、艺术等方面的价值，结合珍稀程度、成套性、完整性分为珍贵档案和一般档案。再将珍贵档案区别为国家一级、国家二级、国家三级。建立国家珍贵档案数据库，提请国家财政列支专项保护经费，实施特别保护；并同司法机关、海关联网与文化行政部门联手，与文物、博物、图书等文化单位交流协作，加强监管，集中有限的人力、财力，抢救和保管好国家珍贵档案，切实管理好党和国家珍贵的历史财富。

（2）到期档案的鉴定

由各档案保管部门根据自己的馆藏特色和馆藏情况，成立鉴定委员会制定鉴定原则标准和运行程序，有计划地对到期档案进行鉴定，确定存毁。这项工作应坚持不断地开展，真正将有价值的档案保存好，将失去保存价值的档案销毁掉，避免因档案馆（室）藏良莠不分而形成的管理浪费，提高管理效率。档案鉴定工程巨大，只有在对档案鉴定有充分认识的基础上，统筹规划，科学安排，才能取得事半功倍的效果。

（三）档案价值鉴定的标准

档案鉴定标准可分为两大类，即理论性标准和技术性标准。

1. 理论性标准

理论性标准是档案价值鉴定的基本标准和理论依据，纵观中外档案学界长期以来形成的理论研究成果，档案鉴定的理论性标准主要包括：

（1）德国档案学家迈斯奈尔提出的年龄鉴定标准和来源鉴定标准；

（2）波兰档案学家卡林斯基提出的"职能鉴定论"；

（3）美国档案学家谢伦伯格提出的文件双重价值鉴定标准；

（4）宏观职能鉴定标准；

（5）效益标准；

（6）相对价值标准。

2. 技术性标准

技术性标准是档案鉴定实践中用以参照的具体标准，主要有文件材料的归档和不归档范围、档案保管期限表、档案鉴定工作制度等。

我国目前的档案保管期限表可分为通用档案保管期限表、专门档案保管期限表、同系统机关档案保管期限表、同类型档案保管期限表和机关档案保管期限表五种类型。它们是各机关、档案馆鉴定档案价值、确定档案保管期限的依据和标准，以此作为参考，文书立卷人员能较容易地区分文件的不同保存价值，初步确定其保管期限，为以后档案馆鉴定档案的价值打下基础。至于档案鉴定工作制度，则包括制发鉴定档案的标准文件、档案鉴定工作的组织领导和销毁档案的标准与监销制度等几方面内容。一种健全的档案鉴定工作制度，可以有效保证档案鉴定工作的质量和防止有意破坏档案，使档案的鉴定和销毁工作有组织、有监督地进行。事实证明，这些技术性标准在文书档案人员的具体鉴定工作中起到了有利作用。

二、档案的保管

（一）档案保管的含义

档案保管，广义的理解泛指为延长档案寿命、为便于档案管理而采取一切措施和手段；而狭义上则特指对档案在动态和静态环境中的一般安全防护和日常的库房管理。档案保管旨在维护档案的完整性、安全性、系统性。档案保管为档案管理活动的进行提供了物质对象和基本前提,档案保管质量的高下,直接影响着档案管理的水平,在一定的条件下甚至具有决定性作用。

研究档案保管具有理论和实践双重意义。在理论上,有助于发现和掌握档案保管活动的客观规律,加强与其他环节研究的互动和联系,有利于提高档案保管与保护的科学水平,完善档案学理论和科学体系,丰富档案学的研究内容;实践上,能指导和提升档案保管工作的水平和效率,科学贮藏档案资源,方便档案信息的利用,有利于防止和消除档案损毁的隐患因素,有效延长档案寿命,保存社会历史财富。

(二)档案保管工作的任务

1. 建立和维护档案的存放秩序

为了使档案入库、移出、存放井然有序,能够迅速地查找档案,并随时掌握档案实体的状况,档案室(馆)要根据档案的来源、载体等特点建立一套档案入库存放的规则和管理办法,使档案不管是在存放位置上还是被调阅移动都能够处于一种受控的状态。

2. 保持和维护档案实体良好的理化状态

档案实体是以物质的形态存在和运动的,而各种环境因素,如温、湿度、光线、有害气体、灰尘、生物及微生物等会对档案的载体、字迹材料等造成不良影响,不利于档案的长久保存。为此,在档案的保管工作中,就需要了解和掌握不利于档案长久保存的各种因素及规律,采取有效措施,最大限度地消除和降低它们对档案的损坏,使档案实休保持良好的理化状态,以延长档案的寿命。

(三)档案保管工作的要求

1. 注重日常管理工作

为了保持档案库房管理的稳定、有序,我们应注重建立健全管理规则和制度,加强日常管理。在库房管理中要做到:归档和接收的案卷及时入库,调阅完毕的案卷及时复位,定期进行案卷的清点和检查,发现问题及时处理。只要持之以恒地坚持严格的日常管理,就能保证库房内档案的良好状态。

2. 预防为主,防治结合

在档案保管工作中,保护档案实体安全的方法概括起来主要有两类:一是如何预防档案实体损坏的方法；二是当环境不适宜档案保管要求时或当档案实体受到损坏后如何处置的方法。在归档或接收的档案中，实体处于"健康"状态的档案占绝大多数。因此，在档案保管工作中，积极"预防"档案受到各种不良因素的破坏是主动治本的方法。我们应该采取各种措施确保这些档案的长期安全。同时，还应该通过加强日常管理和检查，及时发现档案实体出现的"病变"情况，以便于迅速地采取各种治理措施，阻断或消除破坏档案的有害因素，修复被损害的档案，使其"恢复健康"。预防为主，防治结合，才能全面保证档案实体的安全。

3. 重点与一般兼顾

由于档案的价值不同，保管期限长短不一，所以在管理过程中，我们应该掌握突出重点、兼顾一般的原则。对于单位的核心档案、重要立档单位的档案、需要长久保存的档案，应该加以重点保护，尽量延长档案的寿命。同时，对于一般性、短期保存的档案也要提供符合要求的保管条件，确保其在保管期限内的安全和便于利用。

第三节 档案的检索与编研

一、档案的检索

（一）档案检索的含义

档案检索就是把档案内容和形式特征的各种线索，存贮于各种检索工具之中，并根据某一（或几种）特征，在特定集合中识别、选择与获取相关档案数据或文献的过程。档案检索工作的内容，一方面要对档案的内容和形式进行分析、选择和记录，并按照一定原理编排出各种检索工具；另一方面是根据需要，通过检索工具，帮助利用者了解和查找所需要的档案信息。档案检索是提供档案利用服务的先期工作，是有效提高档案管理水平的重要手段。

档案检索研究有利于优化档案检索的方式方法，推动档案检索工具和技术的改进，促进档案资源的利用和共享，提高档案管理和服务水平，进而提升档案工作乃至档案学科的影响力。

（二）档案检索工作的主要内容

档案检索包括广义和狭义两种含义。广义的档案检索包括档案信息存贮和档案查检两个具体的过程。狭义的档案检索只限于查找所需档案的过程。作为档案工作人员，需要掌握广义的档案检索工作的内容和方法，学会编制档案检索工具、建立检索体系，并且能够熟练地利用检索工具查找档案，以获得开启档案宝库的钥匙。

1. 档案信息存贮阶段的内容

档案信息存贮是指将档案原件中具有检索意义特征的信息，如文件作者、题名、时间、主题词等，记录在一定的载体上，进行分类或主题标识，编制成档案检索工具，建立档案检索体系的过程。它包括如下环节：

（1）档案的著录和标引

著录和标引是对档案的内容和形式特征进行分析、选择和记录并赋予规范化的检索标识的过程。著录和标引的结果就是制作出反映档案内容、形式、分类和存址的可以用来检索的条目。

（2）组织档案检索工具

这项工作是指按照一定的规则，对著录和标引所产生的大量条目进行系统排列，使之形成某种类型的检索工具，并根据需要进行检索工具的匹配，组成手工的或计算机检索系统。

2. 档案查检阶段的主要内容

档案查检是指利用检索工具和检索系统查找所需档案的过程。包括如下环节：

（1）确定查找内容

确定查找内容是指对利用者的检索要求进行分析，确定利用者所需档案的主题形成查寻概念，并将这些概念借助检索语言转换为规范化的检索标识。从确定利用主题到形成检索表达式的过程，也称为制定检索策略。

（2）查找

查找就是档案人员利用者通过各种手段把表示利用需求的检索标识或检索表达式与存储在手工检索工具或计算机数据库中的标识进行相符性比对，将符合利用要求的条目查找出来。在手工检索中，相符性比对由人工进行；在机检过程中，则由计算机担负两者间的匹配工作。

二、档案的编研

（一）档案编研的含义

档案编研工作是档案馆（室）研究、加工、输出档案信息，主动地向社会各方面的广大利用者提供科学、系统的档案信息服务的一项专门工作。档案编研是以馆（室）藏档案为主要对象，以满足社会需要为主要目的，在研究档案内容的基础上，对档案信息进行深层次开发的过程。编研工作是积极提供服务与利用的有效方式，是提高档案工作水平的重要途径，有利于档案原件的保管，有利于档案内容和信息的流传，也有利于扩大档案机构、人员的影响。

对档案编研进行研究具有重要意义，一方面能丰富档案管理理论研究的内容、完善档案学科体系；另一方面有助于发掘、创新和交流编研的技能和方法，进而有效提升档案工作和档案学科的地位。

（二）编辑档案史料和现行文件汇编

编辑档案史料和现行文件汇编也称为"档案文献编纂"，它是指按照一定的作者专题、时间或文种等将相关的档案文件选编成册，在一定的范围内使用或出版发行。

编辑档案史料和现行文件汇编的工作方法，是将档案原文从原件中提取出来，按照专题集中汇编成书。它使档案信息脱离了原来的载体，与内容相关的档案信息共同组成新的文献形式（如果出版发行，则转化为书），它属于一次文献。档案史料和现行文件汇编的名称根据其内容、材料的成分以及详略程度不同，分别采用汇编、丛编、丛刊、辑录选编、选集等名称。

档案文献汇编主要有三个特点：第一，原始性。汇编所选录的都是档案原件，并且一般不做文字改动。第二，系统性。档案文献汇编都按照专题组成，所选择的档案文件不仅在内容上相互联系，而且通过编排设计已构成一个有机的体系，清晰、客观地揭示事物发展变化的规律。第三，易读性。在编辑档案史料和现行文件汇编的过程中，编研人员需要对档案文件上的段落、标点、错别字和残缺文字进行校正和恢复，对文件上的批语、标记、格式进行处理，对于文件中的一些人物、事件、时间和典故进行注释，还要为档案文献汇编编写按语、序言、凡例、目录、索引、备考等以便于利用者阅读和理解。

(三) 编辑档案文摘汇编

档案文摘汇编是档案室（馆）根据一定的专题对档案原文摘要进行汇总编辑形成的编研成果。档案文摘是对档案原文的缩写，它以简练的文字概要地揭示档案文件的主要内容，是一种档案的二次文献形式。档案文摘有时可以作为一种检索工具编制和使用。例如：档案著录项目中的"提要项"就是档案文摘的一种形式。档案文摘汇编是由具有共同专题的档案文摘组成的，它也可以公布、发行。与档案文献汇编相比，档案文摘在编辑方法和报道功能上比较灵活、简便和及时。

(四) 编写档案参考资料

档案参考资料是档案室（馆）按照一定的题目，根据档案内容加工编写的一种书面材料，如大事记、组织沿革、专题概要、会议简介等。档案参考资料的编写依据是档案原件，但其表现形式已经改变了档案原文的面貌，属于三次文献。档案参考资料的主要功能是向利用者提供一定专题或史实的参考素材，具有介绍、报道档案内容和提供查找线索的作用。

第四节 档案的利用与统计

一、档案的利用

(一) 档案利用的含义

档案利用工作，是档案馆（室）通过各种方式向利用者提供档案、介绍档案情况、发挥档案作用为社会服务的工作。档案利用，可以体现档案工作的根本目的，在整个档案管理活动中占主导地位，既有赖于收集、整理等基础工作的健全，又是对这些环节管理活动成效的检验，利用工作是档案工作变被动为主动的关键，是宣传档案工作、提高档案工作信誉的重要工具。而对用户和社会大众而言，档案利用是满足其多样需求的基本途径。

研究档案利用，一方面有利于更好地指导档案服务和提供利用工作，有利于档案价值的实现，能促进和推动档案管理其他环节的工作开展，进而提高档案工作的效率和效益；另一方面能扩大档案管理理论研究的广度和深度，改善档案管理理论研究的思路和方法，是提升档案管理理论研究地位和影响的有力手段。

（二）档案提供利用工作的内容

档案馆（室）所开展的档案提供利用工作既包括前台服务，也包括后台的组织与准备，主要包括如下内容：

（1）档案馆（室）工作人员了解和熟悉馆藏档案的数量、内容、成分、价值等基本情况，掌握各种检索工具的使用方法；

（2）档案馆（室）工作人员调查分析和预测社会对档案的需求，把握档案利用需求的趋势；

（3）策划、组织和建立多种提供档案的渠道，积极向档案用户提供各种形式和内容的档案信息及相关资料；

（4）利用各种方式向档案用户介绍和报道馆藏，开展档案咨询服务工作；

（5）建立档案利用服务反馈机制，及时了解和掌握利用情况，以及用户的意见和建议。

（三）档案提供利用工作的形式

目前档案提供利用工作的形式主要有以下几种：

（1）向利用者提供档案原件，包括档案阅览室阅读档案、借出原件利用等方式；

（2）向利用者提供档案复制品，包括制作档案副本、摘录，编辑出版档案文献汇编，在报刊、广播、电视和网络等传播媒体上公布档案，制作档案缩微品及音像档案副本等方式；

（3）向利用者提供档案信息加工成品，包括制发档案证明、编写发行档案参考资料和编纂档案史料书籍等方式。

（四）档案提供利用工作的基础条件

档案提供利用工作是档案馆（室）接待各类用户将档案信息输送到用户手中的过程。要顺利实现这个过程，使档案馆（室）具有一定的对外服务的功能，需要具备以下基本条件。

1. 完善的基础性工作

档案工作的八项业务环节中，收集、整理鉴定、保管检索等是提供利用的基础性工作，档案馆（室）只有建立和完善了这些基础性环节，才能为档案提供利用工作准备充足、有序、优良的档案信息资源。完善这些基础性工作主要包括：丰富馆藏；通过整理和检索工作使档案信息条理化、系统化；通过档案价值鉴定达到档案质量优化；修复破损或字迹褪色的档案，并对珍贵档案采取复制、缩微、刻录光盘等方式替代原件；通过建立检索系统，方便用户的查询等。可见，档案馆（室）要想大力开展提供利用工作，首先要在完善基础性管理工作上下功夫。后台准备得越充分，则前台服务得越顺利。

2. 全方位的立体化渠道

档案提供利用工作实质上是一个档案信息交换、传播的活动。它应该利用现代信息传播的原理以及信息网络技术，为自己构筑一个档案信息服务的立体化渠道。

档案信息服务的立体化渠道应该包括：对档案馆（室）已有的纸质文件和音像文件的直接利用渠道、档案馆（室）的平面或立体的展示渠道、新闻与广告传媒渠道、出版发行渠道、网络信息传播渠道等。通过利用多方位、立体化的传播渠道，将档案信息最有效地推到档案利用者中去，充分发挥其作用，也使档案提供利用工作更具灵活性和适应性。

3. 适用的硬件设施

档案馆（室）的提供利用工作需要一定的场地和设施，为此，档案部门要根据自身的职能、规模和客观条件，进行利用服务的硬件建设，包括设置固定的档案阅览场所，配备必要的阅览、复制及计算机网络设备，以及其他必备的利用服务设施。

4. 健全的规章制度

为了保证在档案提供利用工作中档案和档案信息的安全，明确档案服务人员与档案用户的责任、权利和义务，规范利用程序与手续，档案馆（室）在开展利用服务之前应制定周密的档案利用服务和利用管理的规章制度。它们应该包括档案利用服务人员的职责、借阅（归还）档案的手续、档案利用管理、复制档案或开具档案证明、阅览室和展厅及相关设备管理等方面的内容。通过这些制度，一方面可保证档案利用服务的质量，另一方面可维护利用过程中档案的安全。

二、档案的统计

档案统计是以表册、数字的形式揭示档案和档案工作情况的活动。档案统计工作按过程可分为档案统计调查、整理和分析；按对象来划分，包括对档案实体及其管理状况的统计和对档案事业的组织与管理情况的统计。档案统计工作是档案事业的一项基础工作，是对档案管理开展的重要依据，也是有力的监督手段。同时，在科学研究日益注重定量分析的今天，档案统计还是档案管理理论研究的重要措施和基础。因而档案统计工作要求做到准确、系统、及时和科学。

研究档案统计，有利于改进和完善档案统计工作的程序、内容和方式，具有实践指导意义，对档案学理论建设也具有重要价值，一方面为档案学开辟了新的研究视角和空间，另一方面也为档案管理理论研究提供可资借用的方法和手段（主要是定量的方法）。

档案统计研究主要探讨档案统计的原理与方法。具体包括：档案统计的意义、任务和要求研究，档案统计调查方案和组织研究，档案统计指标体系研究，统计资料整理的原则与方法研究，档案统计分析方法及运算公式，统计成果的提供利用研究等。

20世纪80年代开始，档案统计方面的研究成果不断，最早并具有较大影响的研究有陈柏林的《试论档案工作中的统计》、温泉的《档案统计工作初探》等，特别是冯伯群的《关于档案统计工作的几个问题》，不仅分析了档案管理活动中统计工作的问题、地位和作用，还探讨了档案统计指标体系的建立、统计学一般原理和方法在档案统计中的应用，以及档案统计工作标准化等问题。

第五节 档案管理的研究对象

一、文件（档案）的定义

定义，是一种揭示概念内涵与外延的逻辑方法。为文件（档案）下定义，就是通过对客体事物进行理论抽象，揭示其本质属性和一般属性，以明确文件（档案）的范围和特点。档案是档案学一切叙述的起点，因而关于档案定义问题的研究，几乎贯穿我国档案学和档案史研究的全过程。各国在研究档案术语体系时也多是从档案定义开始的，而定义档案一般都是以文件的定义为基础。也就是说档案的定义离不开对文件的关注和界定，文件（档案）的范畴分析自然也就成了内容维度档案学研究的起点和重点。罗永平在对20世纪90年代档案学研究热点进行分析时指出，在我国档案定义是探讨持续时间最久、发表观点最多、讨论最热烈的问题，20世纪90年代档案定义争论的热点聚汇在定义中种差和属概念的选定与档案属性之上。[1]

文件（档案）定义的相关研究，不仅对于档案学科和档案学研究具有本体的和基础性意义，是一个与档案学的逐步成熟相关联、逐步完备起来的过程，对于档案管理实践中的一系列有关问题，也极具有指导意义，研究档案概念及其定义，从根本上说是档案管理实践的需要，绝非凭空提出来的要求。随着档案管理活动的变化和档案学理论的发展，档案研究定义也必将不断得以发展和完善。

二、文件（档案）的属性与特征

属性是指某类事物的性质及其与他事物的关系，档案的属性就是指档案在社会中所表现出来的固有特征。正确认识档案属性和特征有利于厘清档案与相关事物的关系，有利于维护档案的本质要求和真实面貌，有利于认识和指导档案管理活动实践，因而是内容维度档案管理理论研究的重要主题。

属性又可分为本质属性和一般属性（也有学者称之为"派生属性"）。前者是事物固有的，决定事物性质、面貌和发展的根本性质，它是区别一事物不同于他事物的核心所在，而后者则是从不同角度、不同侧面反映出事物的性质和特点，往往具有多方面的界定。准确把握它们之间的区别，是探讨档案管理相关范畴的前提。

大多学者认为，原始记录性是档案的本质属性，而知识性和信息性是档案的一般属性。

对档案属性和特征的研究，不仅是一个学科的基础性问题，也是档案管理实践的要求。通过深入研讨和认识此类问题，一方面，可以明确档案的本质及作用，

---

[1] 罗永平. 九十年代档案学研究的十大热点透视[J]. 兰台世界, 1998（10）: 2-3.

澄清档案管理理论研究的根本问题，有利于内容维度档案管理理论研究的发展和深化；另一方面，与时俱进地充分认识档案属性，有助于发挥档案工作主体的主观能动性，进而更好地进行档案建设和服务，使之在社会进程中发挥应有作用，同时也有利于处理好档案管理活动同其他工作的关系、与历史社会发展的关系。

三、文件（档案）的价值与功能

文件（档案）的功能与价值同样也是理解档案和档案管理活动的前提，作为内容维度档案学的重要研究对象，一直以来为档案管理实践者和研究者所关注。由于档案的作用多样、价值表现丰富，人们对此看法和认识各异，正如黄彝仲在其《档案管理之理论与实际》一书中所说："档案之功用，多因观点与立场不同，持论见解互有差异，各以其自己之主观，强调其作用。历史学家视档案为史料，可供编纂史籍之根据与参考。收藏家视老档案为古物。行政家视档案为治事之工具。"[1]但正因为如此，才使得相关研究更具前途和生命力。

（一）档案价值研究

正确理解和把握档案价值，对于完善档案学理论体系和科学地鉴定档案的价值具有重要的理论和实践意义。目前对档案价值的研究主要包括对价值内涵的研究，对价值形态的研究，对价值规律的研究和对价值鉴定的研究等方面。

1. 档案价值内涵的研究

关于档案价值内涵的研究，郝晓峰提出，档案价值包括自身价值、转化价值和使用价值。其自身价值来源于档案劳动的特征，是转化价值的基础，而转化价值是自身价值的倍数。[2]任宝兴将档案价值观归纳为劳动价值说（认为档案价值是凝结在档案中的人类一系列劳动）、效用价值说（认为档案价值就是档案的有用性）、关系价值说（认为档案价值"就是档案的属性与人们社会需要的统一"，其实质是一种关系范畴）和社会价值说。[3]张贵华将国内外档案学界关于档案价值定义的研究归纳为三类：客体价值论（或作"内在价值说"，认为档案价值是档案本身所内在的和固有的），主体价值论（认为档案价值是由利用者的主观意

---

[1] 中国机械工业教育协会. 档案管理学 [M]. 北京：机械工业出版社，2003.
[2] 郝晓峰. 档案价值的探讨 [J]. 档案学通讯，1986（05）：35-40.
[3] 任宝兴. 档案价值规律研究 [J]. 档案学研究，2003（06）：11-15.

志决定的），德国的齐麦尔曼就提出"人们对文件的需求越大文件的价值就越大"的观点和关系价值论（认为档案价值是客体对主体的意义所在）。他认为档案价值根源于档案客体，却取决于主体，并产生于主体的实践认识活动中，是主体与客体间的一种特定关系。[①] 王英玮在评价这些档案价值研究时指出，"主客体关系价值论"缺乏必要理论依据，不能担当问题探索的指导理论，"使用价值论"的实质是瓦格纳的"一种价值论（即使用价值）"，只有马克思主义的劳动价值论对档案价值问题研究具有深刻的现实意义。[②]

2. 档案价值形态和档案价值规律的研究

所谓档案价值形态，就是指档案价值的具体表现形式，是对各种档案价值具体的抽象和概括。档案价值与档案价值形态之间是抽象和具体、一般与个别的关系；而由于档案价值是客观存在的，档案价值的实现自然也有一定的规律可循，研究和掌握档案价值形态和实现档案价值的规律性，是为了在尊重这些客观存在和规律的基础上，更合理更有效地发挥档案作用。

吴宝康指出，档案价值规律主要有价值扩展律、档案机密程度递减律和档案科学作用递增律。[③]

冯惠玲等认为从不同的角度剖析和划分，档案价值具有不同的表现形式：根据档案价值实现领域和效果的不同，可分为凭证价值和情报价值；根据档案价值实现时间的不同，可分为现实价值和长远价值；而根据价值主体的不同，可分为第一价值和第二价值。而档案价值实现的规律主要有扩展律、时效律和条件律等。[④]

（二）档案功能研究

对档案价值的研究离不开对档案功能的关注，两者关系密切：前者是档案这一特定事物在与外部的关系中表现出来的能力、功效或作用，而后者是指档案对利用者需要的满足，是人的需要对档案属性的肯定关系，可以说功能决定着档案的价值，而价值实现又使档案功能得以发挥和显现。两者的区别是，价值具有较

[①] 张贵华. 档案价值定义述论 [J]. 档案学研究，2003（01）：10-13.
[②] 王英玮. 必须重新界定档案学中的"档案价值"——兼与有关同志商榷[J]. 档案学研究，1993(01)：23-27+52.
[③] 吴宝康. 档案学概论 [M]. 北京：中国人民大学出版社，1988：62-67.
[④] 冯惠玲，张辑哲. 档案学概论 [M]. 北京：中国人民大学出版社，2001.

高的抽象性，具有比较稳定的特征，而功能则相对比较具体，可以根据环境与需求的变化呈现出多种形式。因而，对档案功能的研究更为丰富多样。

吴桂莲认为档案的功能和价值主要有：证实功能和社会价值，指导功能和业务价值，物化功能和经济价值。[①] 孔祥云则认为档案具有收集和存贮功能、社会历史记忆功能、资政决策功能、授业与教育功能、学术研究功能、休闲功能等。[②] 王萍指出，档案内涵的真实性决定档案的自身价值，并由此产生三个方面的社会功用：是获取信息的主要来源、是编史修志的必要基础、是各项工作的重要依据，具体表现为检测、评价、交流、教育、咨询、决策和凭证等功能。[③] 黄红在《关于拓展档案功能的几点思考》文中提出，档案的功能在日常存放的状态下是潜在的，只有通过档案利用实践才会显现出来，因而要通过档案利用实践去发现和认识档案功能。该文还分析了拓展档案功能的条件，并提出了应通过加大档案工作宣传力度、优化档案结构、以现代化手段促进档案功能的发挥、转变档案人员的观念等措施来拓展档案功能。[④]

档案来源的广泛性和内容的丰富性，决定了档案功能和价值形态的复杂性和多样性，研究档案价值和功能，有利于发现和掌握其特征和规律，进而提高档案工作的科学管理水平，因而内容维度的这一研究对象具有继续拓展和深入的可能和必要。

[①] 吴桂莲. 浅论档案的功能和价值 [J]. 黄石高等专科学校学报, 1995（01）：47-49.
[②] 孔祥云. 新时期档案功能探析及开发应用管理体会 [J]. 科技档案, 2004（03）：30-31.
[③] 王萍. 论档案的价值与功能 [J]. 天津商学院学报, 1998（01）：78-79.
[④] 黄红. 关于拓展档案功能的几点思考 [J]. 档案与建设, 2005（08）：55-56.

第三章 档案管理优化策略与路径

在大数据背景下，信息资源的数量急剧增长，种类愈发繁杂，数字化、信息化程度不断提升，使用传统的管理手段已经难以处理新形态的档案信息资源，树立起大数据环境下的档案工作创新和与时俱进的理念显得愈发必要。本章主要从强化档案资源集聚、创新档案服务内容、加强三位一体防护、强化行政能力四个方面对档案管理优化策略与路径进行了阐述。

第一节 强化档案资源集聚

现阶段，我国档案工作呈现出一种新状态、新精彩，走入一个新高地、新平台，进入了以服务大局和民生为中心，以"三个体系"建设为重点，事业发展得到进一步保障的新常态，档案工作进入了形态更为高级、结构更为合理、发展更为顺畅、任务更加复杂艰巨的新阶段。站在比过去更高的新层次上，积极认识、适应、引领新常态档案工作必须要具备五种新思维：要有创新思维，勇于开辟档案工作新领域；要有先行思维，当先行者先行服务；要有网络思维，善于利用网络开展工作；要有合作思维，努力实现各方面互通、互联、互赢；要有人本思维，开展各项工作中都坚持以人为本。

档案资源是开展档案工作的基础，是档案部门的立身之本，也是档案事业可持续发展的关键。加强档案资源建设是丰富档案资源、完善馆藏结构、服务党和政府工作大局、服务经济社会发展、服务广大人民群众的根本途径。大数据时代，每天每时每刻都有大量的结构化数据、半结构化数据、非结构化数据产生，档案资源的收集范围更广，参与档案资源建设的除了传统的档案部门，社会群体和个人也可以成为搜集档案资源的主人，搜集来的档案资源可以存储在档案馆、数据中心甚至云端。

一、拓宽档案资源类别

从纸质档案到档案信息化再到大数据时代，档案资源一直呈指数级飙升，档案资源的种类也从纸质到电子，从结构化到半结构化、非结构化转变。随着时代的轮转，档案搜集的类别范围也因为档案载体不一、结构各异而发生了改变。

纸质等传统档案仍是档案收集的重点。纸质档案是整个社会历史的记录，中华民族上下五千年的文化和历史都留在了纸上。另一方面，受习惯思维的影响，大部分人在学习、办公时还是倾向于阅读纸质文档，对于档案来说，纸质档案给人真实性、可信赖度更高的感觉。信息化社会，纸质档案越来越少，但是它承载的社会记忆和显现的价值意义不会因为数量的减少而褪色和降低，即使在大数据时代或者以后更远的未来，档案收集也不能忽视了纸质档案等传统档案这个大群体的存在。结构化、非结构化、半结构化电子档案成为档案收集的主流。电子档案是信息化时代的产物，生成于数字化设备环境中，存储于计算机、磁盘、光盘等载体里，依赖计算机等数字设备阅读、处理，可在网络上传送。大数据时代，档案资源观正从传统狭隘的定义向"大档案观"转变，档案部门在进行馆藏纸质档案数字化、接收档案文件电子化的同时，要有意识地收集更多类别广、形式多、价值大的数据资源。网络的发展产生了更多更复杂的数据种类，包括结构化数据、非结构化数据和半结构化数据。结构化数据如数字、符号、关系型数据库等，非结构化数据如文本、图片、表格、图像、声音、影视、超媒体等，半结构化数据如 E-mail、HTML 文档等，都是大数据时代档案收集的主要对象。

二、完善档案资源建设

大数据时代，无论任何机构、社会组织和个人，都无法置身于数据之外，不同群体拥有不同的数据，他们的数据互不连通，档案部门可以将多元化、社会化的数据尽收囊中，但人少力薄是档案部门的现实状况，单靠一己之力不可能完成档案资源全面收集的重任，因此和不同数据拥有者的合作就显得非常必要，档案资源体系建设不仅要成为档案部门的职责所在，档案部门将通过自主管理、协商合作等方式把责任向社会转移，认可和鼓励各类社会组织及个人参与到档案资源的建设中来，完善档案资源的建设主体，达到借助社会力量优化档案资源的目的。

一是档案部门要善于与档案形成者合作。首先,我国各级各类党和政府机构、企事业单位等是国有档案资源的形成者,他们在日常工作事务中不断地产生文件材料,这些文件材料处理完毕后要进行整理归档,档案部门的主要职责也是为党和政府机构、企事业单位管理档案事务,他们要按照规定及时向档案馆移交档案。因此,对档案部门来说,对党和政府机构、企事业单位档案的收集相对比较容易。其次,越来越多的家庭、个人意识到档案的重要性,纷纷开始建立家庭档案、个人档案,他们是私人所有档案的形成者。家庭和个人建档既记载了家庭和个人的历史,又折射了社会的变迁,虽然每个家庭的档案数量不多,但其在社会上的总和也是一笔巨大的档案资源,档案部门要积极与社会家庭和个人建立合作关系,收集更多更宝贵的"社会记忆"。此外,国家还要求领导干部建立领导干部个人档案、廉政档案,社会名人可以建立名人档案,等等,他们组成了档案资源形成的特殊群体。

二是档案部门要善于与档案整理者合作。大数据时代,档案部门要学会利用社会力量和网络力量来完成档案资源的整理工作。国家规范并支持社会力量参与档案事务,允许政府可以通过合同、委托等方式向社会购买档案服务,政府以外包的方式将档案工作交给业务能力高度专业化的档案中介机构、专业机构。档案中介机构合法合规参与档案事务服务,帮助档案部门规范档案资源整理工作。档案部门还可以利用网络人力资源,通过众包模式集聚档案资源。众包模式是指把本应由公司内部员工执行的工作任务,以自由自愿的形式外包给非特定的大众网络的做法模式。

三是档案部门要善于与档案利用者合作。档案利用者虽然不直接产生档案资源,但是他们利用档案的行为及结果所留下的痕迹成就了一部分档案资源体系的建设。大数据时代,档案利用者通过网络进行的档案查询、检索、咨询等一系列行为,都成为信息记录,档案工作者可以从用户的利用轨迹中发现新的信息点,找到信息与用户之间的相关关系,或是用户需要的,或是用户感兴趣的,通过信息点去收集与之相关的内容。大数据时代,档案部门不用再去理会信息的因果关系,要关注是什么而不是为什么。网络电商就是通过记忆客户浏览过的商品,找到商品与客户之间的关系,再搜索商品与商品之间的关系,客户的网页就会显示"热销品""同类""猜你喜欢的"之类的信息推送服务。

四是档案部门要善于与档案保存者合作。档案保存者是档案资源的最终归属者，拥有最集中的档案资源。大数据时代，存储在档案馆、档案室的档案资源和互联网公司、数据分析公司拥有的数据资源总量相比，简直九牛一毛。互联网的发展带来了无穷无尽的数据，数据的泛滥和混乱催生出数据分析公司来开发利用数据，所以说到底，数据分析公司拥有最多、最大的数据。

三、改变档案资源采集方式

积极开展接收和征集工作是传统的档案资源采集方式，档案部门以丰富馆藏为目标，依法做好到期应进馆档案接收工作。大数据时代，档案资源的采集不能光是坐等人来，网络资源的实时变化、档案形成者的大众化都需要档案部门改变档案资源采集方式，收集到数量更多和质量更好的档案资源。

一是网络资源的主动抓取。对于网络资源要通过主动抓取的方式进行采集归档。网络资源数量多、更新快，重要信息和垃圾信息都是一闪而过，而且垃圾信息占大多数，一旦错过重要信息就会被海量信息淹没，再要找回得花费大力气。网民对重要信息也缺乏归档意识，对于有用的信息不知道该怎么保存，该交给谁保存。档案部门就要适时担起自己的职责，改变被动收集档案资源的方式，变身数据捕手，实时监控网络动态信息，采取主动出击策略选择重要网络资源归档，完成网络资源的主动抓收任务。同时档案部门要引导并培养网民重要信息归档意识，争取从网民手中获取更有价值的档案资源。

二是用户实时推送归档。形成档案的用户，过去是依法定期按时归档，且大多是针对党政机关部门而言的，要求次年六月以前完成前一年的档案归档工作。大数据时代，党政机关部门不再需要全年度工作完全处理完毕后文件材料才一齐归档，通过档案管理内部平台系统就可以将当下办理完毕的文件材料及时推送到平台，档案室的档案员随时接到推送消息后就可以依据文件的机构和问题等内容对其进行分类预归档保存，确认这类型档案不再产生新的文件材料加入进来，对之前的预归档文件整理完毕后就完成了档案的最终归档保存工作。形成档案的家庭和个人，也可以通过档案部门开通的网站平台渠道或是档案专门网站实时推送自己想要归档保存的档案，交由档案部门代为保管。这种实时推送归档的档案采集方式不仅能降低文件材料因日积月累存放而丢失的风险，而且对于档案员和档案部门来说,实时的归档分散了工作任务,化解了集中归档时间紧任务重的难题,归档质量也能得到充分保证。

四、科学整合档案资源

大数据时代,档案信息化步伐加快,档案管理趋向结构化、系统化,档案部门要学会应用新一代信息技术及相关工具和方法,稳步开展档案数字化和电子档案接收工作,进一步提高档案资源优化整合能力。

第一,继续推进"存量数字化、增量电子化"战略。档案部门一是要以"存量数字化"的要求极力推进传统载体档案数字化,尤其是对纸质档案要加快数字化进程,查阅时用数字化档案代替原件利用,保护并尽量延长纸质档案寿命;二是要以"增量电子化"为任务对归档、接收进馆档案要求全面实行原生电子文件形式,新形成的电子文件及时归档保存并按时接收进档案馆保护。大数据时代,档案部门要严格要求党政机关单位对归档文件实施电子化管理,从源头上保证数字档案信息的真实、完整、可用;接收档案以电子化版本为主,在范围上多注重民生电子形式档案的接收,在种类上多收集多媒体、数据库、网页等形式的档案资源。在加强电子档案接收管理方面,国家将制定一批实用性高操作性强的文件,如《电子档案准确性、完整性、可用性、安全性检测规范》《海量电子文件数据存储指南》《企业电子文件归档和电子档案管理指南》等,这些文件着重考虑网络信息的归档管理工作,党政机关等单位的门户网站、政务微博、政务微信等新兴发布平台的信息归档工作将逐步提上日程,成为档案部门一项新任务新挑战。

第二,优化资源结构。档案资源的底层化、碎片化,各种档案资源散落在互不联通的数据库中,成为一座座"信息孤岛",如何联通这些孤立的数据库,将分散的档案资源集中起来,实现档案资源的优化整合,发挥出档案资源最大价值,是大数据时代档案管理的一个重要挑战。档案部门没有能力对所有的档案资源兼容并包,需要和不同的群体合作,一是档案部门系统内部之间的互联,二是与文化馆、图书馆等相关学科之间的互助,三是和网络商和数据开发公司的互通,最重要的是档案部门要与社会进行资源、技术、人才方面的交流合作,搜集更多的资源、运用更强的技术、借助更专业的人才实现档案资源的最优化。同时,档案部门还可以利用云计算技术，借助互联网的计算方式，将全国的档案资源进行整合，形成"中国档案云"，完成档案资源的优化整合，充分发挥档案资源的集聚效应。

第二节 创新档案服务内容

数据本身是没有价值的，通过数据提供服务才具有真正的价值，数据即服务。档案资源若是只存放在档案馆不拿来用，就如同一堆废物，保存再多也没有意义。如何从档案资源中挖掘出价值，盘活档案资源，将昏昏沉睡的死档案变成源源不断的活资源，就需要档案部门加速档案资源开放进程、改变档案资源服务方式、构建基于档案资源价值存在的知识服务体系。

一、加快档案资源开放

大数据时代，档案部门一方面面临着与社会散落的档案资源进行激烈争夺的局势，另一方面随着《政府信息公开条例》的实施，国家积极稳妥地推进政府信息公开工作，依法保障公民、法人和其他社会组织获取政府信息的权利，这种权利的开放使得公民对信息的知情权要求更高，他们希望获得更多更有效的信息，档案资源加速流动与开放成为必然结果。档案部门对档案资源的开发应遵循"公开为原则，不公开为例外"，及时公开超过保管期限的秘密档案，尽量做到"应开尽开，保障秘密档案的安全"。

档案资源开放，不仅有利于推进政府信息公开制度的实施，优化办事流程提升工作效率，保障公民对信息的知情权、参与权与表达权，更重要的是档案资源在全社会自由流动开来后，从守旧封闭到创新开放，为社会奉献丰富多彩、足量多金的信息，有助于跨越档案部门和其他政府部门之间的"信息鸿沟"，助力城市记忆工程和智慧城市的建设。

二、创新服务理念

大数据时代，档案资源要实现物尽其用，就要对其内容深度挖掘，打造档案资源知识库，档案利用者也会因自身知识水平的提高对档案服务提出更多的要求，关注他们新的需求，对传统的档案利用服务理念和途径做出调整，用新思维和新方法，开辟档案利用服务新高度。面对档案利用者的诸多需求，档案部门要努力完善四种服务理念。

一是人性化服务。人性化服务就是在档案服务中体现"以人为本"思想，以用户第一为原则，给用户提供平等获取信息的权利，服务过程中表现良好的服务态度，把自己当作服务生，面对用户热心、耐心、细心、专心，尤其是基层档案部门经常要服务一些农民老百姓，对他们的利用诉求要认真倾听，服务要热情周到。

二是个性化服务。个性化服务是档案部门对档案利用者需求提供精确性匹配的服务。大数据时代信息受众分类更加明确，用户的利用需求发生改变，追求个性化服务，享受不受时空限制方便快捷获取所需，档案部门要对用户的利用需求、行为、方式等细节进行收集、追踪和分析，预测出他们需要的内容，以参考、定制等方式推送给用户。

三是智能化服务。智能化服务是档案服务的最高技术水平。大数据时代更注重技术的运用，档案服务技术水平也要提高，档案部门要有智能化的档案数据处理系统，能够快速完成数据分析任务，智能抓取有效信息，提供便捷服务通道，这不仅有助于档案部门发现隐性知识，还有利于从档案服务向知识服务跨越，实现档案知识的顺畅流通与广泛传播。

四是知识化服务。知识化服务是一种基于网络环境下的开放式的服务，是档案服务发展的趋势和方向。档案知识化服务应以知识管理理念为指导，以档案资源为核心，以大数据技术为支点，以档案知识挖掘为重点，以档案知识应用和知识创新为目标来构建档案知识服务体系，完成知识提供与检索、知识整合与加工、知识共享与交流的一体化服务。

三、拓展服务途径

网络的发展改变了信息传播的方式，丰富了信息传播的渠道，档案服务借阅、咨询、展览等传统途径将得到调整，档案服务途径多样化、网络化。应用各种新兴媒体，发挥网络远程功能，基于云计算、云存储的云服务手段将成为大数据时代档案服务新战场。

(一)微服务

微服务主要指以微博、微信等新媒体为载体即时传播信息的服务形式。微博即一句话博客，是一个基于用户关系信息分享、传播、交流以及获取的社交网络平台，主要涉及信息发布、网络营销、政府管理以及个人交流等方面，是中国网民上网的主要社交网络平台之一。

微信是一个为智能终端提供即时通信服务的免费应用程序，通过网络快速发送短信、语音、视频、图片和文字，微信公众平台的订阅号和服务号就是为微信用户提供公共信息、咨询和服务的平台。

档案部门或档案学人通过开通微博、微信可以传达档案信息和传送服务项目，向社会公众提供方便快捷的档案服务，拉近档案与大众的距离，拓宽档案信息服务的范围，提高档案信息服务的效率，还可以交流互动、共享信息、加强协作，为社会提供更好的档案服务。

(二)远程服务

远程服务指利用通信手段实现不同地域之间的实时人工服务方式。远程服务具有方便快捷、节约成本、服务对象没有地域限制、服务可集中化管理的特点和优势，非常适合大数据时代的网络档案服务。档案信息远程服务以数字化的信息资源为基础，依靠科学技术，通过网站、电子邮件或实时交互的形式，向用户提供远距离档案信息咨询和服务。档案部门要在加强档案资源建设的同时，加快采用信息技术，充分利用网络优势，建设好覆盖广、内容全、检索快的档案远程利用服务平台。

(三)云服务

云服务指通过网络以按需、易扩展的方式获得所需服务，它是一种基于互联网的相关服务的增加、使用和交付模式，涉及通过互联网来提供动态易扩展且经常是虚拟化的资源。

档案云服务是以云计算技术为基础，以云存储资源为保障，将分散的档案信息通过云平台组织构建起来形成服务云，借助这些云平台强大的计算能力和低成本、高安全性等特性来提高国家档案信息资源共享效率的一种档案信息资源服务模式。国家档案局开展的"中国档案云"项目就是致力于打造国家级开放的档案信息资源共享利用系统，它以云技术云存储为依托，覆盖全国各级各类档案馆，为社会公众提供开放档案信息查询利用服务的专业化平台，将成为互联网用户访问全国开放档案资源的统一门户，提供一站式全方位服务。

第三节 加强三位一体防护

安全责任重于泰山。档案资源安全是档案管理工作的重中之重，关系到党和国家及人民群众的根本利益。大数据时代，社会环境和网络环境对档案资源安全的威胁日趋严重，为消除潜在风险保障档案资源安全，档案部门要建立起"物防、人防、技防"三位一体的档案安全保密防护体系。

一、加强物理防护

物理防护是档案安全的基础性保证。档案建筑是承载档案的载体，是守卫档案安全的第一道屏障。档案部门在加快档案馆建设时要把建筑的安全摆在首位，改善入馆档案的保管保护条件。

第一，推进各级国家综合档案馆安全建设。国家综合档案馆是统一保管党和政府机关档案的部门，是永久保管档案的基地。各级国家综合档案馆依法集中接收、管理本级党政机关、企事业单位、社会组织的档案和政府公报等政府公开信息，是国家宝藏的储存场所，档案馆建筑安全的重要性不言而喻。因此，档案馆的建设要遵循科学选址、标准设计的原则，在设计之前要对选址进行安全评估，避开自然灾害多发的危险地段。

第二，改善档案保管保护条件。档案保管保护条件的改善是档案长久保存、长期可用的重要因素。档案保管保护条件主要指档案保管硬件设施的安全，改造或新建、扩建的档案馆，要严格按照规范和标准建设，采用先进的安全技术、设备和材料，档案库房安装视频监控、自动报警、自动灭火、温湿度自控系统，达到档案馆安全测评标准，提高档案库房安全防灾等级，定时对档案保管保护专用设施设备维护和更新，定期对档案进行检查，及时发现并排除隐患，让每一份档案都有安全的栖息地。

二、采用人防战略

人防战略是档案安全的重要盾牌。从信息化时代到大数据时代，科学技术的发展促进了档案管理工作的进步，也对档案工作者提出了更高的要求，档案安全与否就在档案人的一念之间。在外行人看来档案工作轻松简单谁都能做，"一入档门深似海"才是档案人的真实写照，档案工作者要用责任和行动捍卫档案的安全。

第一，完善档案安全责任到人制度。安全管理主要是控制风险降低损失，档案安全管理制度能够有效预防、及时处理和妥善解决档案工作中的突发事件，维护档案工作正常秩序。首先，要健全档案安全责任制，单位一把手握兵权掌控全局，对档案安全全权负总责，责任细分到各科室各人头上，尤其是要对信息化科室严加要求，形成"档案安全人人有责"的氛围；其次，要健全档案安全应急管理制度，档案应急管理是档案安全管理的第一大步，事关档案安危存亡，档案部门要严阵以待，成立以单位一把手为头的档案安全领导小组，领导全体档案工作者对档案工作八大环节的每一个环节可能存在的安全风险和可能出现的安全纰漏进行大胆预测、小心分析、深入研究，从而得出结论，形成与工作环节相对应的档案安全应急管理制度以指导工作。最后，在大数据时代，需要重点加强对档案信息的安全管理，制定档案机密信息保护制度、档案信息安全审计制度、档案信息安全共享制度等，从制度上防范档案安全风险。

第二，建设档案大数据人才专业队伍。一是专业知识素养。档案管理是一门专业性和实践性很强的工作，大数据时代要聘任有真才实学的档案学专业学科背景的人才，他们扎实的档案理论基础知识和过硬的档案业务实践能力，懂管理精业务，能打开档案事业发展的格局，带领档案事业向前发展。新时代对档案人才的综合素质要求更高，不能只专其一，需要通过教育培训和自学不断提升工作能力，学习跨学科领域的综合知识，如计算机知识、互联网知识、大数据知识、产权保护知识，等等。二是重人重岗重责。档案部门要安排高度认真负责的人员从事档案工作重要岗位，各单位档案室要安排在编人员从事档案工作，一方面是他们对档案更加专业、对工作更加敬业，另一方面是防止因人员流动发生档案失泄密事件。

第三，变身"数据科学家"。大数据时代到来创造了新的工作机会，提供了大量新的工作岗位,但拥有数据分析技能的专业人员严重短缺,造成供需严重失衡。从目前看来,档案部门想要在大数据战斗中招揽到数据分析人才机会渺茫,需要自寻门路。因此档案工作者要紧跟时代潮流,勇于自我蜕变,努力从"一把锁服务员"向"数据科学家"进阶,提升综合技能,具备对数据的提取与综合能力、统计分析能力、数据洞察与信息挖掘能力、开发软件能力、网络编程能力、数据的可视化表示能力六种能力,为档案工作赢得一片天。

三、强化技术防御

技术防御是档案安全的关键手段。档案部门要借助大数据时代的信息技术优势,建立档案信息管理系统安全保密防护体系和实行重要档案异地异质备份保存来维护档案安全。

第一,建立档案信息系统安全保密防护体系。对接收进馆的电子档案进行严格审查,检验电子档案的存储载体及内容,从源头上把关:严格检验电子档案的存储的应用系统、计算机、网络等软件设备的安全等级,确保电子档案长期存储安全系数;加快档案数字化工作,有能力的单位最好自己独自完成档案数字化工作,没条件的单位可以借助社会力量的参与,但严格审查档案数字化外包管理中介资质,选择合法、规范、可信度高的外包公司,做好服务外包工作的安全检查,并对数字化工作的全过程进行视频监控,杜绝外包单位盗取档案信息;对上网共享档案进行严格审查,依据国家秘密的信息系统分级保护要求,严防文件、档案在传输过程中失泄密,保护档案用户个人隐私不被侵害。

第二,建设档案大数据存储备份中心。档案数据库的开发使用大大节约了档案库房的容量,提高了档案管理利用的效率,但单位数据库的存储容量毕竟有限,大数据时代档案部门针对巨量档案资源的存储问题,必须走改变存储方式来提高效率节约成本的道路。大数据技术拥有强大的数据处理和存储能力来实现档案资源存储备份管理。

第三,重要档案异地异质备份保管。档案安全主要受到主客观因素的威胁,从主观上说档案制成材料质量易随时间环境而弱化,如纸质档案存放越久越容易纸张脆化、字迹模糊,电子、光盘、硬盘档案等特殊载体保存年限尚不明晰,客观上多发的自然灾害和人的行为也在威胁档案的安全,重要档案处于水深火热之中。为保证档案的安全存储和长期可读，需要定时检查、实时备份以降低安全隐患。

第四节 强化行政能力

档案行政管理根据国家各项建设事业的需要，对全国的档案工作进行统筹规划、组织协调、统一制度、监督指导的活动，是国家整个行政工作的重要组成部分。我国档案行政管理实行"局馆合一"模式虽然精简了机构，但使档案行政管理一直都呈现出事务性较强、行政性较弱的状态，与其他党政机构相比，显得"人微言轻"。档案行政管理体制的优劣与档案事业发展成败紧密相连。大数据时代的到来，我国又正处在全面深化行政体制改革推进国家治理现代化阶段，为档案行政管理体制机制的变革和完善提供了契机，档案行政管理机构要切实转变行政职能、强化行政执法水平、提高业务指导水平、加强与机构之间的合作，建设好为民务实高效的档案行政管理体系。

一、转变行政职能

档案行政管理一直是档案部门的弱势，行政能力不强工作开展就比较被动，社会地位也凸显不出来。有人说档案行政管理基本上处于"想到哪儿就管到哪儿"，事实上是哪儿也没管到，哪儿也管不住。大数据时代，档案部门必须正确认知局与馆各自的职能范围，要善于借助社会力量逐步放开服务"大包揽"方式，切实转变行政职能，提高行政管理能力。

第一，明确档案局、馆性质。其实无论什么样的组织单位，首先就要明确性质，明确所担负的职责职能，工作才能顺利开展、有序进行。大数据时代，档案部门亟须理顺档案管理体制，改变局与馆性质、职能混乱无序的现状，各级档案行政管理部门的职责是依法统一监督指导本行政区域内党政机关和其他事业单位的档案工作，各级国家综合档案馆的职责是依法集中管理本级党政机关和其他单位的档案，档案局的行政事务和档案馆的管理事物要严格区别开来，确保分工明确、各司其职，挺起档案行政职能的腰，树立起档案行政管理的威严。

第二，借助社会力量改变服务方式。档案部门性质明确了，档案局主行政、档案馆主管理的职责就分明了，不能再紧紧抓住档案整理服务"大包干"不放。档案部门主管行政与管理去了，档案整理服务就需要寻求新力量的加入，社会中介力量乘势而起。社会力量参与档案事务是市场经济发展的必然趋势，档案部门要顺应时代发展和自我职能转变需求，积极引导社会力量参与档案服务工作，要把社会力量参与档案事务活动作为档案事业发展的重要补充形式，发挥档案学会、档案学术交流机构这些社会组织的协同作用，积极扶持与档案有关的咨询服务业、信息开发业、软件行业、网络公司以及档案用品制造业、档案文化教育服务业的发展。档案部门要规范并支持档案中介机构、专业机构参与档案事务活动，帮助开展社会宣传和服务，增强档案中介服务知名度和影响力，通过他们专业档案整理团队达到既完成了档案整理工作，又能在督查管理档案工作中提高档案行政的权威性的目的。

二、提升行政执法水平

行政执法能力是衡量档案行政管理部门行政权威的重要指标，也是检验档案法律法规效力的重要表现。大数据时代，档案部门要从法律制度、法制队伍、执法力度三个方面来提升执法能力，强化执法水平，提高执法地位。

首先，完善法律制度。随着经济社会的发展，档案法律法规也存在与档案工作新形势新任务新要求不相适应的问题，需要对原有的内容进行及时修订和完善，比如确定档案人的权利与义务。电子档案大幅增长，电子档案如何规范归档与妥善管理的法律法规却没能及时出台，留有许多空白，档案部门没有法律依据就无法对党政机关和社会组织等产生的电子档案进行有效的执法监督。因此档案部门要想在档案执法检查中掌握主动权、话语权，就要提高法制意识，尽快制定并出台规范电子档案管理的法律法规，比如网络信息归档选择依据，海量电子文件数据的存储、电子档案异质异地备份操作等，让档案部门对电子档案依法行政可以有法可依。

其次，加强法制队伍建设。党和政府部门要为档案行政管理部门依法履行档案行政执法职能提供条件，提高其执法监督指导能力，人大、纪委、法制办等法力强势部门要为档案行政执法出谋划策，成立联合督查小组，提高档案执法效力。档案执法人才是档案执法的关键，档案部门一般都不具备懂法律的专业人才，这是大数据时代档案部门"以法治档"的执法困境。为完善科学依法决策,提高行政执法效能,推进档案法治建设,档案部门可以借用法律外援支持,采取聘用法律顾问的方式来加强档案法制队伍人才建设。法律顾问法律专业知识强,可以为档案部门制定或修改档案法律法规提供专业意见,依法行政提供法律参谋,规范和监督行政执法活动,维护档案部门执法权益。

最后,加大执法力度。档案行政管理部门要加强对档案工作的监督检查,对各类违反《档案法》的行为,特别是将应归档文件据为己有或拒绝归档的,或造成档案损毁、丢失的,要依法追究有关单位和人员的责任。《档案管理违法违纪行为处分规定》就是专门针对档案管理中出现的违法违纪行为制定的处分规定,有档案管理违法违纪行为的单位,其负有责任的领导人员和直接责任人员,以及有档案管理违法违纪行为的个人,应当承担纪律责任。《档案管理违法违纪行为处分规定》的出台一是对原有的处分规定细化,补充新的违法违纪种类,是我国多年来依法治档实践经验的总结;二是对相关档案管理违法违纪责任主体应当承担的法律责任和量纪标准做了具体明确的规定;三是建立了档案管理违法违纪案件查办协作配合机制。这是档案法律法规又上新台阶的重要成果,为大数据时代档案部门行政执法能力的强化提供了新的依法行政依据。

三、提高业务指导水平

档案业务指导工作始终是档案部门一个重要的职能,体现的是档案部门的专业水准。档案业务指导水平的提高有赖于档案工作者的行动力与专业度,搞好业务指导不仅能展现档案部门的工作能力,还能改变社会对档案部门的刻板印象,提高档案部门的社会地位。

第一,加强业务分类指导。一是要加强对新单位建档工作的指导。"政企、政事分开"改革后,许多企事业单位脱离了原来的行政机关,成立了新的机构、企事业单位和社会组织,政府对它们干预的减少使它们游离于档案部门的管理之外,建档工作也迟迟没有提上工作日程,档案部门要加强对新单位的关注,加强对新单位建档工作的指导,使新单位能够意识到建档工作的重要性,及时明确档案工作任务,做好档案工作的分工,加强档案员的工作责任意识和业务能力,悉心指导建档工作的每一个环节,提高独立完成档案业务工作的水平。二是要加强对家庭档案、个人档案等新类型档案的指导。家庭档案和个人档案属于非国有档案，在过去没有引起国家和档案部门的足够重视，成为散落社会的遗珠。大数据时代，个人的信息越来越多，也变得越来越重要，国家大力提倡家庭建档、个人建档，档案部门设立宣传点，开展大走访，深入每家每户帮助家庭建档，从档案收集的范围、类型、内容到整理的方法——悉心指导，家庭建档、个人建档开始受到社会公众的关注逐渐兴盛起来，这类档案业务公众的开展既有效规范了散落的信息，又为国家积累了一笔非常可观的社会档案财富。

第二，档案部门业务指导水平的提高还有赖于专业人才的任用和培养。档案部门人才队伍中，只有极少数是档案专业科班出身的，大多数人只懂行政管理，极其缺乏能够完成档案业务指导工作的人才。档案部门要根据实际工作需要科学合理调整档案部门人员编制，提高档案专业人才在档案部门人才队伍中的比例，充实档案部门业务指导队伍，优化档案部门业务指导能力；要建立科学的引才育才机制，可以通过与高校联合培养定制人才，也可以在考试录用中以专业作为限制门槛，或者支持鼓励在职人员继续深造学习接受档案专业知识的系统教育，积极发挥档案院校等培训学院的作用，创新培训内容，改进培训方式，努力造就一支业务精的高素质档案业务指导队伍。对于党政机关、企事业单位、社会团体的档案员，不能由身兼数职的其他工作人员担任，必须要求专人专岗专职，完善档案从业人员持证上岗制度，考试合格方能发放档案从业人员资格证，非档案从业人员一律不得从事档案工作岗位，严格档案专业技术职称评审，晋升职称人员必须达到相应的晋升条件方能申请。大数据时代，档案部门要依照办理程序和条件严格职称等级评审，净化档案业务工作队伍，提高档案从业人员专业化水平。

四、加强与社会的合作

大数据时代，档案部门不再适合单打独斗、孤军奋战、守着档案库房打转转，档案数量的增多、档案需求的改变、档案服务的扩展、档案信息技术的应用，使得档案在慢慢褪去神秘的外衣，档案与社会、公众之间的鸿沟渐渐缩短。事实表明，档案部门只有加强与社会组织的交流合作才能与时代同步，赢得先机，谋得发展。

第一，加强与档案形成者的合作。大数据时代档案部门要想赢得更多的档案资源，就要加强与档案形成者的合作。档案的形成者不再局限于党政机关、企事业单位和社会团体的档案室，家庭和个人成了散落于社会最大的档案形成群体，他们记录的是家庭琐碎事，构造的是社会变迁图。档案部门一是要帮助家庭和个人完善建档工作，二是要大力征集征收家庭档案和个人档案，从中发掘出更多更有价值的档案。

第二，加强与档案利用者的合作。档案利用者是档案部门的服务对象，满足利用者需求是档案部门最大的工作成就。大数据时代，档案部门不能只关注利用者单一的利用需求，要学会透过需求挖掘档案隐性知识，透过需求提供预测服务，透过需求编研出更多的档案文化精品为社会公众谋福利。

第三，加强与档案中介服务机构的合作。大数据时代，档案中介服务机构既是档案部门监督管理的对象，又是档案部门最重要的合作伙伴。档案部门一方面要严格审查档案中介服务机构资质，监督管理档案中介服务机构备案情况、执业人员素质和服务质量水平等；另一方面，档案部门要放宽服务权限，支持鼓励档案中介服务机构利用专门的知识和技能为单位提供档案服务，通过监管下合作的方式来维护自身的行政和执法能力。

第四，加强与网络服务商、数据公司的合作。大数据时代，档案部门不能再是老一套的管理档案方法，电子档案的收集、档案数字化都需要档案部门加强与网络服务商、数据开发公司等信息行业的合作。互联网给档案部门带来大量资源既是福利也是负担，数量大、种类多的资源充实了档案资源库，但如何从海量的资源中筛选出有价值的信息作为档案保存是档案部门忧思的难题，档案部门与网络服务商的沟通与合作就成为必要选择，借助网络服务商的帮助，从信息源头剔除垃圾信息、保留有用信息供档案部门收集，大大提高档案的质量。这些收集来的电子档案和库存档案数字化产生的电子档案的管理工作远远超出了档案部门的工作能力范围，档案部门要积极主动与数据开发公司合作，通过公司专业人才、专业技术、专业软件的帮助协同完成对电子档案的管理。

第四章 档案管理工作的现代化

本章主要介绍档案管理工作的现代化，主要从四个方面进行了阐述，分别是档案工作现代化的意义、内容及影响、档案工作技术现代化、档案工作管理现代化、档案工作标准化。

第一节 档案工作现代化的意义、内容及影响

中华人民共和国成立以后档案工作在党和国家的重视与关怀下得到迅猛的发展。建立了具有国家规模的社会主义档案事业，妥善地管理着大量历史档案和中华人民共和国档案，为社会主义革命和建设做出了重要贡献。但在管理方法和手段方面与世界先进水平相比还有很大的差距，不能适应档案工作的发展。因此，档案工作迫切需要现代化。

一、档案工作现代化的意义

（一）档案工作实行现代化的原因

1. 为了解决档案工作面临的各种问题

档案工作有这样一些矛盾，传统的工作方法不好解决：第一，档案数量越来越多。档案增长的速度很快，需要大量的库房和各种设备，档案数量的增长与保管工作的矛盾越来越突出；第二，查找档案困难。浩瀚的档案材料仅依靠传统的工作方法和落后的技术装备很难迅速、准确查找出利用者所需要的档案材料；第三，服务工作量大。社会上各方面都需要利用档案材料，而档案馆受各种条件限制，只能接待一部分利用者，无法满足广大利用者的要求；第四，设备简陋。无论是库房建筑、档案装具、库房内温湿度的控制，以及许多保护技术方面的问题，

都因为缺乏先进设备而难以解决；第五，档案资源不能充分开发。由于管理方法和手段落后，档案的作用不能充分发挥。

2. 现代化是档案事业发展的需要

随着社会主义事业的不断发展，档案的类型和数量急剧增长给保管和使用带来一系列问题。无论是科学技术工作者或机关干部都要求对入藏档案处理得仔细，能及时地、无遗漏地把所需档案材料提供出来并迅速传递到每个需要利用的地方。手工管理的落后状态，已无法解决档案工作面临的种种难题，影响档案事业的发展。因此，改革落后的管理手段已成为刻不容缓的任务。而科学技术的发展，特别是电子计算机和缩微技术广泛应用于档案工作，又为实现档案工作的现代化提供了可靠的物质基础。

（二）实现档案工作现代化的可能性

1. 档案工作的发展具备了实现现代化的条件

我国档案工作经过几十年的建设，已初步建成了一个以机关档案工作为基础、以各级各类档案馆为主体、以档案教育科学研究和宣传出版为条件、以档案事业管理工作为组织中心的国家规模的档案事业，为档案工作的全面发展和实现现代化提供了最有利的条件。

2. 科学技术的发展为档案工作现代化提供了物质基础

电子计算机是档案工作现代化最理想的工具，可以建立起计算机检索的网络系统，实现档案检索的自动化。此外，缩微技术、复印技术、声像技术的广泛应用，以及科学技术的不断发展为档案工作现代化提供了物质条件。

二、档案工作现代化的内容

档案工作的现代化，有三方面的含义：

（一）档案工作技术现代化

档案工作技术现代化是指档案的记录、存储、整理、加工、查找、报道、交流、传递都用当代先进的科学技术装备起来，实现工作手段的现代化。它涉及广泛运用电信设备、电子计算机技术、印刷技术、复制技术、缩微技术、声像技术等。比如，广泛使用计算机进行档案的检索、编目、库房管理、阅览管理、各种统计工作，并把电子计算机与现代化的缩微技术和通信技术有机结合起来，实现管理自动化。

第一，档案工作电子计算机化。利用电子计算机建立档案检索、编目、统计、借阅、库房管理，对档案材料进行收集、登记、报道，以及财务、人事、行政管理、办公室自动化等，各方面都可以使用计算机。

第二，电子计算机与现代通信技术相结合形成档案信息传递网络化。

第三，档案储存缩微化。档案使用缩微设备将重要档案摄录在缩微胶卷或平片上，具有体积小、成本低、携带方便、查阅快速、保存期限长等优点，给档案的保管和使用带来方便。

第四，复印技术在档案工作中的应用。档案馆（室）设置复印机用于档案的收集、存储和提供利用等方面，可以大大提高工作效率和服务质量。

第五，声像技术及其他技术在档案工作中的应用。随着科学技术的发展，声像技术以及各种先进技术和设备在档案工作中的广泛应用，都为提高工作效率、减轻劳动强度等方面创造了良好的工作条件。

（二）档案工作组织与管理现代化

只有对现代化技术进行适度的管理，才能将先进的科学技术转化为生产力。档案事业的建设和档案工作的组织与管理以系统论、信息论、控制论等现代化的科学理论为指导，运用管理科学的原理，遵循档案的客观规律，研究和处理档案管理工作的各种问题。

它的主要内容包括：

1. 管理思想现代化

管理思想现代化是指以科学理论为指导，根据档案工作的客观规律和档案的特点，进行合理组织、控制的科学管理方法。

2. 管理方法科学化

就是由单纯用行政领导和宣传教育的方法，演变为行政领导、法律、经济、宣传教育、咨询、顾问方法的综合，提高管理的功效。

3. 管理机构高效化

在档案管理机构内人尽其力，物尽其用，人、财、物的流通过程畅通，信息系统健全，传递及时、准确，档案工作能为社会做出更大的贡献。

4. 档案工作标准化

标准化是科学管理的重要内容，没有标准化就没有科学管理。科学管理的水平越高，标准化的程度也越高，标准化水平是衡量技术水平和管理水平的尺度。

（三）干部知识化

由于设备的现代化和管理的科学化，需要建设一支具有现代化科学技术知识和业务知识的专业干部队伍。他们不仅具有较高的政治素养和愿意为社会主义档案事业献身的进取精神，还应懂得电子计算机的基本理论和基本技能，能够进行技术操作和管理，在档案专业上有较深的造诣和较丰富的文化和历史知识，才能适应档案工作现代化的需要。

总之，现代化的技术装备、掌握这种技术的人、科学管理构成了档案工作现代化的三个要素，也就是档案工作现代化的主要内容。

三、档案工作现代化带来的影响

（一）现代化将给档案工作带来巨大的变革

建立计算机检索系统，将大大提高检索速度和服务质量。利用计算机和现代化设备对档案进行收集、储存、加工，档案馆（室）将成为重要信息部门之一；缩微技术与电子计算机技术的广泛应用，将给档案的保管和提供利用带来极大的方便；计算机与现代通信技术结合，使档案传递网络化；现代化将使档案工作人员的工作条件与工作方法发生巨大的变化。

第一，利用计算机检索档案，将极大提高档案的查找速度，有较高的查全率和查准率，可节约利用者查阅档案的时间，提高服务的质量。

第二，利用计算机和现代通信设备，将使档案信息的处理、报道、传送的时间大大缩短，档案馆将从保管史料的基地发展为名副其实的科学研究和各方面利用档案史料的中心和档案信息的中心。

第三，缩微技术与计算机的广泛运用，将给档案的保管带来极大的方便。档案的体积大为缩小，以计算机输出缩微胶卷（片）的形式提供档案材料，确保档案原件不受损坏，使之"益寿延年"，传给子孙后代。

第四，建立计算机检索终端，提供快速复印和复制服务。利用者从电视屏幕上查阅所需要的档案材料，立即就能获得所需要的复制本，给利用者使用档案创造了极为方便的条件。

档案工作的现代化，使档案工作以崭新的面貌出现，提高了为"四化"服务的效率和质量；档案资源能得到充分的开发和合理的利用，必将对社会主义事业的发展产生积极的影响。

（二）建设具有中国特色的档案工作现代化

（1）把计算机化、缩微化与标准化有机结合起来。以检索为突破口，建立起各种计算机检索系统，最终使其网络化。开展档案缩微使档案微型化，并把缩微与计算机紧密结合，使档案缩微库成为巨大的外存储器。标准化是现代化的重要内容，贯穿在各项工作中。

（2）大中小型机械化相结合。实现档案工作现代化需要购置大中型机械设备来武装档案工作，但对于价格低廉、适合中小型档案馆（室）使用的设备也要大力推广。同时，原有的设备也应开展革新和挖潜，相互有机结合，更好地发挥效益。

（3）处理好传统技术与现代化技术的关系。传统技术应当不断改进，使之日臻完善，并把传统技术与现代化技术有机结合起来，使档案工作在近期内提高工作效率和服务质量，有利于加速档案工作现代化。

（4）选择实现现代化的最佳途径和方法。档案工作现代化，不同的部门可采取不同的途径，机关档案工作现代化应纳入本机关现代化管理的范畴，成为其中的一个组成部分。档案馆的现代化是档案工作现代化的主体，要统一规划，以典型引路。

（5）统筹解决档案工作现代化的共性问题。比如，现代化建设投资、人才培养以及制定各种标准等。

（6）充分发挥档案事业管理机关的组织领导作用。档案事业管理机关负责统一规划并组织实施，及时解决各种问题以推动档案工作现代化。

第二节 档案工作技术现代化

档案工作技术现代化是以计算机为核心，包括缩微、复印、声像等新技术的装备广泛应用于档案工作。

一、档案工作计算机化

在世界范围内，大家公认电子计算机是实现档案工作现代化的理想工具。根据国内外的经验，档案工作可以应用各种类型的计算机（大型机、中型机、小型机、微型机）和各种外围设备处理档案工作的各种业务，具体应用于：档案的接收、编目、检索、借阅和归还、辨认到期档案的销毁、统计、修复和消毒、档案部门的日常工作，等等。各级档案部门应从实际出发，逐步建立起以下自动化系统。

（一）计算机检索系统

它是档案工作计算机化的重点。因为检索在档案馆（室）的业务工作中占有重要的地位。国外好多大型档案馆已建立起计算机检索系统，我国也正在进行实验。检索系统是将每份文件或案卷的外形特征包括档号（全宗号、案卷目录号、案卷号）、分类号、缩微号、题名（标题）、责任者（作者）、文件种类、文本、文件编号、保管期限、密级、主题词、内容提要、附注等著录项目填写在统一格式的计算机输入卡片上，即将档案原件转化为档案二次信息输入到计算机内，以一定的格式储存在磁性载体上，形成数据库，需要时利用计算机进行高速检索。其最显著的特点是高效率和多用途；计算快，可以每秒几十万次、几百万次、千万次、上亿次的运算速度查找档案。对一个利用者的提问，一般只用一二秒钟就可以做出响应，检索一份文件或一个案卷只需若干秒，查找一个专题的档案材料，少则一两分钟，多则十分钟左右即可检索完毕，查全、查准的可能性大，只要标引准确，凡输入到计算机内的任何档案材料都能无遗漏地查找出来；检索途径很广泛，能够一种输入多种输出、一次输入多次利用、一处加工多处使用、一种方式加工多种方式应用。计算机依照工作人员的指令，可以将输入的著录项目自动分别编为按时间、作者、专题、主题、文件种类、文件编号、保管期限、密级排序的目录或索引。用多种载体输出，打印在纸张上的有卡片式和书本式目录；用胶片、磁带和穿孔纸带输出，制成机读目录；缩微胶卷与平片，或在屏幕上显示，能灵活地满足利用者使用档案的多种需求。

随着计算机处理功能的提高以及与电信设备的结合，检索系统从成批检索发展到联机检索和网络化。所谓成批检索，就是根据用户的提问和要求按批量集中地由专职检索人员进行检索操作，然后把检索结果提供给用户。成批检索的缺点是：用户不能与计算机对话、修改提问困难、不能立即得到检索结果；联机检索就是把以计算机为主的中心处理装置和分散在各地的终端用电话线路直接联系起来，由终端装置输入提问并直接得到答案。联机检索实现了人机对话，可以随时修改检索提问，立即从终端得到检索结果。近年来又产生了由各自具备独立功能的计算机检索系统用电信线路相互联结，形成巨大的计算机检索网络。每一个档案检索系统是计算机网络中的一个节点，每个节点又可以与许多终端互联，利用者可以使用任何一个终端设备检索到网络中任何一个检索系统的档案材料从而使计算机检索发展到更高级的阶段。

（二）计算机借阅管理系统

它一般应具有借阅、预约、查找、统计等功能。借阅功能是识别借阅人是不是本馆（室）的合法借阅者。如果是，则应查明要借什么、是在馆（室）内阅览还是外借、借期多长，凡准许借用的则做好借阅记录并存储下来，自动计算出归还日期，每日外借的档案能打印出催还的通知。预约功能是指预约登记、预约排队、检查同一利用者是否重复预约或是否有人已经提前预约，能够显示全部预约者名单，告诉预约者何时才能借到所需要的档案材料。查找功能是能够直接查找档案，回答该档案是否在库房中，是否被借去或正在整理、鉴定或修复。假若库房内有，即打印出借阅单，随同档案传送到阅览室。统计功能，可以统计利用者人数、借出档案总数、利用效果、拒借次数等。

（三）计算机统计系统

统计是档案工作的一个重要组成部分，基本任务是对档案工作发展情况进行统计调查。统计分析、提供统计资料、实行统计监督，以计量化的管理，发掘数学方法在档案管理中的应用。建立统计系统，应符合国家档案局制定的统计报表的要求，除了必须将档案机构、人员、馆藏、库房、利用、编制等各方面的基本数字输入计算机存储外，各档案馆（室）还应有更具体的统计，比如单份文件的统计，案卷数量或存放箱、柜、架的长度统计，以全宗为单位和整个档案馆（室）保存档案情况的统计，各个业务环节现状、利用人次和效果、利用目的、类型、拒借率、馆外未接收档案状况的统计，每年有多少档案要进馆等，档案管理机关应对各档案馆（室）档案的构成、档案利用情况、档案人员及其素质、档案经费、档案馆（室）建设、档案的增加和销毁等，凡是有用的统计数字要输入计算机存储起来，使用时可根据指令制成各种统计报表，及时打印出来，成为领导和业务部门进行组织管理和决策时的依据和参考。

（四）计算机库房管理系统

它包括两方面的功能，一方面计算机可随时把库房的情况反映出来，诸如库房内存放的是什么档案材料，各类档案材料存放在库房何处，每个全宗的案卷和文件数量，每个柜、箱、架上是什么档案，档案保管状况，是否被调阅，库房空间的安排等。另一方面的功能是对库房进行自动化管理，库房内的各种自动装置在计算机发出的指令下，对档案搬运、上架，库房空气和温湿度调节，创造保管档案适宜的人造"小气候"，以及自动控制取暖、照明、防火系统、报警装置，确保库房的安全。建立库房管理系统，也需要将入库档案的各种数据、库房设备的各种数据输入计算机存储起来，建立完善的控制系统，需要时可随时打印出库房档案的清单和各种统计报表，实现库房的自动化管理。

（五）计算机行政管理系统

运用计算机进行档案工作的财务管理、人事管理、行政管理、设备管理、情况分析和报告、预测和规划、决策、办公室自动化等。此外，计算机还可以在档案编制、出版、缩微胶片、声像档案管理等各方面应用。

二、档案缩微化

档案缩微化是档案工作现代化发展的新趋势。由于社会主义建设事业的发展，档案数量与日俱增，给保管和利用带来一系列问题，而缩微技术的应用是解决这些问题的有效办法。

近年来，缩微复制技术在档案部门得到广泛应用，在世界范围内产生了档案缩微化的趋势，成为档案存储的重要发展方向。它不仅能解决档案材料存储的空间，而且在计算机处理档案信息工作中不断扩大信息存储量，提高档案利用服务的自动化水平。它的突出优点是能够保持档案原貌，大大缩小档案的体积，节约存储空间，规格统一，便于保管和提供利用；有利于保护档案原貌，延长档案使用寿命；保存时间长，不易损坏和变质，成本低廉，节省人力、物力。如果实行档案缩微化，普通缩微度为 1/10 至 1/40，超缩微可以缩小成百上千倍。人们按照缩微的密度推算，一个保存档案达几十万卷的档案馆，将档案全部缩微后能够放在一只手提箱内。近年来，技术发达的国家在光学信息存储技术方面有新的突破，运用激光打点的记录方法，把缩微密度提高到更高的程度。

档案缩微制品能不断更新换代，使其无限期保存下去。通过实验证明，缩微品可保存长达几百年，比纸张的寿命要长得多，还可以不断复制，达到永久保存的目的。现在由于摄影技术的进步，摄影机与胶卷、平片价格的降低，冲片过程完全可以由自动化的机器接管，档案工作人员经过训练就可以自由操作。每个档案馆（室）都可以根据自己的需要，进行档案缩微工作。

缩微化与电子计算机相结合，是档案工作现代化的重要内容。电子计算机依靠存储器存储量有限制，价格也比较昂贵，假若把档案的原文全部存储起来是很不经济的，一般只把档案的二次信息输入计算机，而缩微复制可以把档案原件全部缩微，既能节约资金又便于管理。从某种意义上说，缩微档案库实际就是计算机的外存储器。所以，缩微技术与计算机结合，二者相辅相成，互为补充。从长远观点看，为了解决档案数量的急剧增长和载体的不断老化而带来的保管和使用上的矛盾，采用档案缩微化势在必行。技术发达的国家，都在大力进行档案缩微化工作。我国的档案馆（室）从 20 世纪 60 年代初期开始缩微工作，购置了大量设备，培养了一批从事缩微工作的人才，积累了许多经验，已初步具备档案缩微化的条件。

三、复印技术在档案工作中的应用

近年来，复印技术发展很快，复印的种类和方法很多，如重氮复印法、热敏复印法、蓝图复印法、电子扫描复印法、静电复印法，等等。其中，以静电复印法占主导地位。

静电复印技术在国内外相当普及，成为通用的办公用具，档案馆（室）大多备有复印机为利用者复制档案。它具有速度快、效率高、使用方便、价格低廉、保持档案原貌、复印份数不限、不需要阅读器就可以阅读等优点，是档案收集、存储、交流和传播的一种重要手段。从20世纪80年代开始，我国档案馆（室）广泛应用静电复印技术开展复印业务，使利用者不必手抄档案材料，节省了时间和人力；对于珍贵档案、利用频繁的档案，用静电复制品提供利用，既能保护原件又方便工作，很受利用者的欢迎。

目前，复印技术发展的一个特点是复印设备的系列化和自动化，即印刷品复印、缩微、缩微品放大再复印等工序配套成龙，实现自动化生产，工作效率大大提高，因而受到各行各业的普遍重视并得到了较广泛的应用。

四、声像技术在档案工作中的应用

随着科学技术的发展，近几十年来，出现了录音带、录像带、电视片、电影片、幻灯片、唱片等新型档案材料，完全脱离了白纸黑字的印刷和书写形式，这些新型的档案材料已正式列入档案馆（室）的收藏范围，它们在档案馆（室）藏量中所占的比例越来越大，总有一天，这些以磁带、胶片为载体的档案材料甚至会达到与以纸张为载体的档案相抗衡的地步。目前，在档案馆（室）的阅览室内，不仅可以借阅纸质档案，还可以戴上耳机听录音档案，在荧光屏前看录像、电视、电影等。声像档案具有能闻其声、观其形的特殊效果，给人以直接的感觉认识，有助于对事物的形态、性质、现象、过程更深刻地理解。但它往往不能用肉眼直接阅读和观看，必须借助于特别器材才能利用，为了适应上述档案材料日益增长的需要，档案馆（室）也要相应地增加设备和专用库房，档案人员也必须掌握保管这些档案的知识，学会操作使用，进行科学管理，才能发挥应有的作用。

综上所述，档案工作技术现代化主要体现在档案工作计算机化、档案情报信息传递的自动化、网络化，档案存储的缩微化以及复印技术、声像技术在档案工作中的应用。

第三节 档案工作管理现代化

一、管理思想现代化和管理方法科学化

（一）管理思想现代化

实现管理现代化首先要树立先进的管理思想，学习科学的管理理论，继而采用与之相适应的组织结构、组织行为、管理方法和管理手段，才能达到预期的目的。

管理的重要目的之一是提高有效性。所谓管理的有效性，就是档案工作组织达到既定目标的程度，它以档案工作获得的成效来衡量。档案工作的成效要从社会效益、经济效益、历史效益、现行效益等方面去综合衡量，不能仅强调其一方面，要把几方面有机结合起来，全面地看档案工作为党和政府、经济建设、科学研究和"两个文明建设"提供服务的数量和质量，具体地说就是现代化管理的效用是否符合人民利益、社会进步和建设社会主义事业的需要。

实现管理思想上的革命，要善于学习和借鉴国外先进的管理经验和管理方法，做到"洋为中用"。全体档案工作者，特别是领导干部更应努力学习。只有通晓管理并具备一定的专业知识，才能把档案工作管理好。

（二）管理方法科学化

管理方法是人们为了使被管理系统的功效不断提高，在管理活动中为达到目的所采取的手段、措施、途径等。管理方法科学化，就是由单纯用行政领导和宣传教育方法演变为行政领导、法律、经济、宣传教育、咨询顾问等方法的综合。

中华人民共和国成立以来，按照社会主义事业的需要，从中央到地方建立起档案工作组织系统，通过下级服从上级的行政手段，实现自上而下的业务指导和监督，实现对档案和档案工作的集中统一管理，维护档案的完整与安全，使整个档案工作系统在统一目标、统一意志、统一行动下开展工作，卓有成效地发挥管理职能，各级档案事业管理机关负责领导、决策、计划、组织、指挥全国和地方

的档案工作，通过行政组织、行政层次、行政手段以及指示、规定、指令性计划、制定规章制度等方式和方法对各地各单位的档案工作进行干预，因事、因时、因人灵活处理各种复杂的问题以加强和改善对档案和档案工作的管理。

行政方法是执行管理职能的根本手段，任何管理部门离不开它。但是，在管理工作中行使单一的行政手段和宣传教育方法是不够的，还需要与经济方法、法律方法、咨询顾问方法等结合起来。

经济的方法就是在档案工作中讲究经济效益、经济效果，把劳动集体和个人的物质利益与其工作联系在一起，运用经济杠杆的手段来进行管理。经济效益包括向社会提供有用的产品和有效的服务。档案工作的经济效益，主要是以向社会提供档案材料在经济、政治、科学文化等方面效果的大小来衡量其优劣。在注重经济效益的同时，必须重视经济效果。在当代社会里，能提供经济效益的事情很多，关键在于代价如何，得不偿失的事不能干。经济效果，就是投入的劳动消耗（包括物化劳动消耗和活劳动消耗）与产生的经济效益（包括产品的使用价值和提供的有效服务）之间的比例关系。讲求经济效果，是以最少的劳动消耗获得最大的经济效益。也就是说以最少的人力、物力、财力和时间耗费去完成预定目标和任务。过去，档案工作在局部地区曾一度出现的高指标只是虚名，不讲实效，对档案反复整理、反复鉴定，检索工具不断报废，馆藏档案的利用率很低。这种不惜代价、不讲成本的做法，都是忽视经济效益和经济效果而造成的。档案工作在管理方法上要建立一套计算和考核经济效果的指标体系，无论是档案的收集、整理、鉴定，或者是检索工具的编制、档案装具的设计和创作、档案库房的建造、各种现代化设备的购置等都要讲求以较少的"投入"，产出较多的"效益"。

法律的方法，也就是人们常说的"法治"。广义的法律方法是指档案管理系统所制定的法律法规或类似法律的各种标准和规章制度。档案工作的组织形式以及信息、人、财、物的沟通方式都亟待用法律的方式固定下来。这些问题只有通过明确贯彻以《档案法》为中心的一系列法规、法令以及各级政府颁布的有法律规范性质的条例、章程、标准和规划来实施管理。只有加强法制，使档案管理中大系统与子系统的关系、职责、权利、义务做到有法可依、有章可循，才能正常地发挥各自的职能并自动有效地运转，保证管理系统的稳定性，促进档案工作的发展。

咨询顾问的方法也是有效的管理方法之一。档案工作的各级领导机构可以建立自己的智囊团、顾问团、参谋班子，任务是向领导献计献策，为制定档案工作方针、政策和规划进行设计，对发展提出预测和评价。在档案管理、干部培训、业务信息等方面，提供必要的事实与情报，起咨询和服务作用。根据档案部门的特点，需要发挥各级档案学会与高等院校在这方面的作用。学会与高等院校聚集了档案工作各方面的专门人才，他们熟悉档案专业，掌握的信息量大，不受行政束缚，可以敞开思想对各种咨询课题发表意见，供各级领导决策时参考。重视和充分利用智力资源将会助推档案工作的发展和理论研究水平的提高。

二、管理机构高效化

管理机构是发挥管理功能完成管理目标的工具。档案管理机构的功能，是对档案工作进行预测和计算、组织和报道、监督和控制、教育和激励、挖潜和革新。具体任务是组织本系统全体人员适当安排各种关系，有效地运用每个组织成员的才能，充分发挥组织系统的力量，达成档案工作的总目标——科学地管理档案，便于党和国家各项工作的利用。实现这一目标，必须充分发挥组织机构的高效能。因此各级档案组织机构应当目标明确、任务清楚、渠道通畅、稳定适应，实行计划管理、信息管理和工作责任制。

（一）目标管理

整个档案这个大系统，在服务于党的总路线、总任务的前提下，确定档案事业长远奋斗的总目标和近期目标。各省、市、地、县的子系统（包括档案局、馆、室）应有具体目标。总目标要落实到各个部门短期和中期的目标里去。全国大系统的总目标是衡量任何一个档案局、馆（室）工作成效是正功、无功、虚功、负功的标准，也是档案工作各级组织机构的视线。全体档案工作者的视线都应集中在大系统的总目标，并为之努力奋斗。

在总目标的指导下，各局、馆、室的具体目标通过计划落实到任务。每个组织机构的任务要落实到每个人，确定每个人的任务。各组织机构的任务是个人任务的总和，个人任务是各组织机构任务的构成单元。组织中的每一个成员都必须了解个人的任务应该如何配合整个组织的任务，也必须知道整个组织任务对个人的意义。由目标落实到任务，每年要接收多少档案、编制哪几种检索工具、制定哪些标准和规章制度、设备添置计划，等等。将这些共同的任务落实到每个管理单位和个人，互相配合，努力完成。

（二）建立责任制

任务明确后，还必须使组织机构中的每个管理单位及每个成员明确如何完成任务，清楚自己的职责。这就需要建立责任制。建立责任制的目的就是明确规定责任范围，让每一个管理单位和每个人都担起应负的责任。它对于提高工作质量、克服管理工作中的官僚主义、开创档案工作新局面有着重要的意义。档案干部责任制的内容，根据一些地方的实践经验，可实行分级、分人、分工负责，定职、定责、定权、定考核标准，定期总结评比、表扬先进。

（三）建立健全信息系统

档案组织机构是由若干事物组成的一个有机整体，是一个不间断的流通过程。功效的发挥在一定程度上取决于流通过程的畅通。这个流通过程可分为两个方面：一是人员和财务的流通，称为物质流；一是信息的产生、传递和处理的流通，称为信息流。管理部门的职责就是通过信息流来控制物质流。管理人员通过调查研究、情况的汇报、意见的交换、命令指示的下达等各种方法了解情况，联系工作，指引人力、物力、财力的沟通。档案部门的信息系统还不够健全，只有纵的信息系统，而横的信息系统不够完备，因受保密的限制，档案系统内和系统外的有关部门和相关学科之间很少往来。

处于封闭和半封闭状态。由于信息传递不灵，渠道不够畅通，使档案人员的思路和眼界不够开阔，影响工作效率和系统功能的发挥。只有健全信息系统，采取多种渠道，增强纵向和横向的联系，进一步健全调查研究和统计、汇报制度，建立馆（室）际之间、档案学与情报、图书等相关学科之间的信息网络，洞察县内外、省内外、国内外的档案和档案工作情况及相关学科的发展动态，及时将收集的信息整理、加工，为档案事业的发展作为借鉴依据。只有充分运用信息这个工具才能提高组织机构的效率。

（四）实行计划管理

计划管理是社会主义档案事业科学管理的重要原则，也是提高组织机构效能的有力措施。档案事业的计划管理是根据社会主义经济有计划、按比例发展的客观规律提出并受它制约的。档案事业既不能超越经济基础所提供的条件,也不能长期落后于经济发展的水平。档案事业的建设和发展必须按照一定的计划进行,既要有全国性的大计划,也要有地区性以至于一个档案馆(室)的小计划。缺乏计划就无法开展档案工作或进行档案事业的建设。因为计划管理比目标管理更为具体,也是把目标管理落到实处的前提。计划的种类可分为短期计划和长期计划、专题计划和综合计划、业务计划(管理计划)等。

(五)保持组织机构的相对稳定性

组织机构必须具有相对的稳定性,才能充分发挥效能。过去档案组织机构的变化过于频繁,时裁时并,一直处于不稳定状态。所以,档案机构若要发挥高效能,全国大系统与各子系统必须相对稳定,无论是局、馆、室都应是实体单位。只有稳定,才能够以昨天的成就为基础规划未来,从事本身的建设,保持本身的连续性。稳定不是不变,而是在稳定的前提下,根据情况的变化和工作的开展随时做局部调整以适应新形势、新要求。

此外,档案组织机构的设置,还应本着行政管理机构要精、业务机构要充实的原则,用最少的人力搞行政管理,把主要的人力特别是学有专长的人员集中到业务机构,搞好业务建设,实现组织机构的高效化。

第四节　档案工作标准化

档案工作标准化,是指在档案工作领域内,由档案事业主管机关或会同标准化的主管机关以及各有关部门协商对档案工作的管理、原则、方法、质量、概念、设施等,制定出科学的、统一的规则和技术规范,并予以贯彻执行进而修订的全部活动过程。总括地讲,就是科学地制定、贯彻、修订各项标准,使档案工作逐步走向规范化、统一化。这是提高档案工作水平和服务效率、实现档案工作现代化的重要条件之一。

档案工作标准化是我国档案工作现代化的一项基础性工作,也是档案学中一个比较新的研究领域。目前对它所研究的内容、范围,还没有统一的认识,尚在探索之中。这里仅提出以下几个方面：

（1）专业名词术语标准

任何一门专业要阐明其内容，都要使用特定的术语，并且赋予每一个名词术语以特定的含义，作为彼此交流的共同语言，以便研究和讨论问题。档案专业的名词术语都有特定的内涵，不能任意加以解释。但是档案学毕竟比较年轻，许多名词术语还在探索中。基本的"档案"这一名词的概念讨论过多次，至今在具体表述上仍有不同看法；档案的种类也是众说纷纭、莫衷一是。由于名词术语的含义不清，给档案学理论研究和档案工作实践带来混乱，影响档案学和档案工作的发展。如果通过制定档案专业名词术语标准，把最常用的一些名词术语和概念明确起来，有一个比较明确的解释，这对统一档案界的认识、繁荣和发展档案科学都有着重要的意义。

（2）代号代码标准

代号代码又称标记符号，它是利用文字符、数字符、颜色、图像来表示一个具体概念。档案工作中的许多著录项目都采用统一的代号代码或缩写形式来加以准确地表示，代号代码的使用，对于档案工作有重要的意义。比如，分类号、档号、档案馆代码等，在档案的整理与编目、科学管理与提供利用、实现档案工作标准化和现代化方面，都具有重要的作用。使用代号代码代替文字，简单明了、易读、易记、易认、易于输入计算机、易于传播和利用，好处很多。档案工作的代号代码标准，主要包括档案馆代码、档案工作的名词术语缩写代码、档案类型与档案载体代码、档案著录的代号代码等。

（3）档案著录标准

制定档案著录标准，是为了建立健全我国统一的档案检索体系，开展档案的报道与交流，充分发挥档案在社会主义建设事业中的作用，经过艰苦努力，已完成国家标准《档案著录规则》的制定工作，并经国家正式批准，于1986年1月1日起施行。

（4）标引语言标准

标引语言标准是指档案的标引和检测语言标准。标引语言标准主要包括档案分类表、档案主题词表、档案分类标引规范、档案主题标引规范等。

（5）档案收集、整理、鉴定标准

收集、整理、鉴定是基础性的工作。制定这方面的标准，对于提高档案工作的质量、效率和水平都具有重要意义。过去虽然制定了《关于文书档案保管期限的规定》等规范性文件，但数量有限，尚需制定案卷质量标准、案卷封面编目标准、档案整理与分类标准、档案销毁标准，等等。

（6）档案统计、提供利用标准

档案统计和提供利用工作也应实现标准化。档案统计工作标准，可包括机构、人员、档案馆（室）基本情况的统计、档案工作情况的统计。在统计时间、周期、项目、格式等方面都应标准化。档案提供利用的标准，包括利用范围、手续、保密、阅览、展览、档案外借等标准。

（7）档案工作现代化建设方面的标准

这一方面的标准涉及的面比较广泛，包括计算机、缩微设备以及其他有关设施的一系列标准。如计算机程序语言、计算机接口标准、磁带交换格式标准、缩微复制技术规格标准、档案保护技术设备标准，等等。

（8）档案装具和库房建筑标准

目前，全国档案部门的档案装具、档案库房自行设计和建造的状况亟待改变。应在充分调查研究的基础上制定出技术先进、经济合理的档案装具标准、档案库房建筑标准。制定库房建筑标准，应考虑到我国各地区的气候差异在符合保护档案的前提下因地制宜地制定库房建筑标准细则。

（9）档案的制成材料与书写材料的标准

档案的制成材料与书写材料的优劣，是决定档案能否长期保存的一个重要因素。档案的制成材料与书写材料，无论是纸张、胶片、磁带、磁盘以及各种字迹图片材料全部是物质的东西，不断地发生变化。要想延长档案的寿命，必须解决耐久性问题，制定适合档案使用的纸张、墨水、圆珠笔复写纸、胶片、磁带等各种记录和书写材料的标准。

第五章 档案信息化管理的创新模式

本章主要介绍档案信息化管理的创新模式，主要从六个方面进行了阐述，分别是不同载体的档案进行统筹管理、文件档案实行一体化管理、推动馆藏档案的数字化应用、推动档案资源的社会化利用、档案资源实行多元化保存、数字档案实行安全性保障。

第一节 不同载体的档案进行统筹管理

信息化是一场革命，它引起了档案管理的深刻变革。社会信息化为档案事业的发展提供了一个集理念、方法、技术于一体的大背景，档案事业作为社会文化事业的重要组成部分被列入国民经济和社会发展的总体规划，遵循和服从社会信息化发展的总体要求和战略布局，从而使档案事业的自身发展与国家信息化发展战略相统一、相协调。档案信息化是21世纪现代档案管理区别于传统档案管理模式的重要特征，也是信息社会档案管理业务发展的必然趋势。档案信息化改变了档案工作者的思想观念、档案业务的工作环境、档案馆的组建方式以及档案的载体形式。档案不再拘泥于以纸质、录音和录像为载体，而是多以数字形式形成、传递、移交、鉴定、归档、保管和利用，档案工作借助于计算机实现自动化，开展档案工作，挖掘档案资源，提供档案利用。信息化为档案利用者提供了前所未有的方便性，馆藏档案数字化成为历史的必然，数字化档案信息在急剧增长，以全新的思路、方法和举措来发展档案事业是信息时代、知识型社会赋予21世纪档案工作者的新使命。

在我国，信息化真正在各行各业应用起来并产生有历史价值和凭证作用的电子文件和数字化档案信息，是20世纪90年代以后的事情，有条件的档案馆也随之探索和开展档案信息化的初期建设和简单的案卷目录计算机化管理和查询利用。但从全国来看，依然还有很多档案馆（室）尚未启动信息化或还未真正将计算机和信息系统使用起来，各行各业档案信息化的应用水平也参差不齐，产生和形成的档案有模拟的，也有数字的，使用的载体有纸质的，也有光盘、硬盘和其他数字格式的。应该说，进入21世纪，我们处于一个纸质与电子、模拟与数字共存的状态，处于传统管理向现代管理转变的过渡转型期。档案馆内部存有大量的纸质档案、缩微胶片、录音和录像带等各种载体的实体档案，档案馆新接收的档案既有各种形式的电子信息，也有大量的纸质档案。在这个特殊时期，档案载体形式多元化、管理工作复杂化、技术手段多样化、服务利用个性化成为现实的挑战，而档案管理的组织和队伍却很难随之更新和发展。

因此，随着档案资源和档案信息管理规模的不断扩大，档案信息的管理问题势必引起社会的高度重视，要求档案工作者思考统一的管理思路，兼顾所有载体档案的统筹管理。

一、档案目录信息统筹管理

无论是电子的还是纸质的档案，无论是手工管理还是采用计算机实行自动化管理，整理、分类和编目始终都是档案工作的重要组成部分，档案目录是各级各类档案馆（室）提供档案服务利用的基础信息，也是实现档案检索和提供档案利用的重要依据。馆藏的传统载体档案中，手写档案目录是最常见的方式，而新归档的各类档案会形成各种机读档案目录，或以Excel、Access、Word，或以关系型数据库格式存储的数字形式的目录信息，为了方便档案利用者，档案馆（室）必须对已有馆藏和以后归档的所有档案的目录信息进行整合，按来源原则或信息分类方式分别进行整理、分类与合并处理，形成能够覆盖各类档案资源的目录信息，并采用档案管理信息系统对档案目录信息实行统一管理，实现目录信息的资源共享和统筹管理。避免目前一些档案馆的做法：数字化档案采用管理信息系统进行管理，纸质档案采用手工翻本的方式进行检索。在档案馆实施信息化过程中，目录信息的数字化也是很重要的一项任务，不能由于工作量大、过去没有录入就成为历史遗留问题。

档案目录信息统筹管理的另外一个含义是案卷目录和卷内文件目录的关联管理，即尽可能将卷内文件目录也实行计算机化管理，并与其对应的案卷目录进行关联。当检索到案卷目录，就可以方便地浏览其卷内文件目录，提高检索的准确度；当检索到卷内文件目录时，也能够很快地定位到它所对应的案卷目录及其所在的库房存址，以方便调卷。

当然，由于档案馆人、财、物等资源的限制，档案信息化工作也是一个循序渐进的过程，不可能做到一蹴而就，因此，需要根据业务工作需要的紧迫程度，首先解决重要问题。有些档案馆在信息化实施一开始，注重新接收档案的目录建设和全文管理，而将原有馆藏档案的目录和实物数字化作为二期工程进行实施。实力较强的档案馆则将两项工作并行开展，以加快档案数字化处理和信息化利用的效率。无论采取哪种策略和方式，档案信息化最终的效果是将档案馆的档案全部实行信息化统筹管理，既方便档案工作者，又方便档案利用人员，更能为未来档案资源的社会化服务与信息共享奠定坚实的基础。

二、目录全文一体化管理

档案全文，一方面是指馆藏档案内容的数字化信息，如缩微胶片、照片以及纸质档案数字化形成的静态图像文件，磁带、录像带等经过模数转化后形成的声音、图像等多媒体文件；另一方面是指各机构使用计算机和办公自动化系统等产生的电子文件归档后形成的数字化档案信息。这些全文信息是档案的内容实体，与档案目录信息相比较，档案全文能够提供更详细、更完整和更准确的内容和信息。数字化信息最大的特点是利用的方便性和检索的快捷性，档案馆花费大量的时间、人力、物力和财力开展馆藏档案数字化和接收电子文件进馆的主要目的是方便利用，对于使用频繁的历史档案而言，也起到保护档案的目的。

实行目录全文一体化管理是信息化管理中比较有效的一种方式，其工作原理是首先在档案目录中进行检索，缩小范围，然后再检索全文，以便准确定位查档目标。通常采取的方式是，将档案目录信息采取关系型数据库管理系统实行统一管理，将扫描后的图像文件和新接收的电子文件/档案以文档对象或文件形式存储在文件服务器或者内容服务器上，并通过一定的访问规则将档案目录信息与这些文件对象进行关联。在检索到档案目录信息时，就可以浏览和检索全文。如果在信息系统中，还需要按照系统设定的用户对目录和全文的浏览、检索权限进行处理。

目前，很多档案馆在接收电子文件时，采用"目录全文关联归档"方式。这种归档方式是将电子信息分门别类，整理成方便检索的目录信息，并将电子原文与电子目录进行关联挂接，即将电子信息的目录与全文进行捆绑。具体实现思路就是把目录信息与电子全文信息分开存放，将电子信息进行分类、编目，形成档案目录信息，将目录信息存放在关系型数据库中，将电子全文存放在文件服务器或数据库的二进制存储对象中。因此，在实现电子信息归档时，必须做好分类编目、原文整理以及梳理它们之间的对应关系。同时与之相配套，需要建立"电子信息背景应用环境"自动下载中心，以确保电子文件/档案的可读性。

文件中心可以是一个将所有欲归档的信息集中到的一个逻辑管理中心，其物理位置可能是分布式存放在每一个业务系统内部，也可能是存放在档案馆的一个专门的服务器上，网络的使用已经模糊了电子信息的物理位置，只需要按照要求使工作人员方便管理、方便访问就达到目的。

在实际利用工作中，并不是所有有价值的档案都会被所有的档案利用者频繁查找，如工程设计或建筑系的人员需要经常查询的是工程图纸类的档案信息，而很少关心财务类的档案，而建筑专业的利用者基本上只查看此类档案的应用软件和浏览工具。正是基于档案利用者的这个根本需求和特点，因此"目录全文关联归档"方案是方便可行的，不需要像"脱机存储法"那样，针对每一类电子文件信息都记录它们的应用背景、环境信息，使存储介质中储存了大量的冗余信息，造成资源浪费。但是，为了满足和方便利用者查看其他类电子档案信息，如单位领导可能会查看各类综合档案，"目录全文关联归档"方案采取提供"电子信息背景应用环境"自动下载并提示装载的手段，以满足对那些想查看数字档案信息，但其客户机上没有安装运行环境的网络用户的要求。

实施"目录全文关联归档"，要求档案工作者要转变传统的工作方法，从档案利用者的需求出发，分析档案被利用的范围和特点，遵循档案管理的原则和标准，对部门形成的数字化档案实行即时归档，即将"目录全文关联归档"的思想贯穿于电子档案形成的全过程。档案馆（室）的工作人员也要充分利用现代化管理手段，通过网络开展指导、鉴定、归档与管理工作，将工作重点转移到分析档案利用者的需求、开发档案资源的编研与开发、监控电子文件的形成过程，将工作模式从"被动接收"转变为"主动挑选"，将真正有价值的、值得保存的电子文件转化为未来社会需要参考和利用的档案资源。

档案信息的"目录全文关联归档"方案，充分体现了档案工作者在电子文件归档过程中采取的"主动服务、一体化管理"的全新理念，也保证了归档以后的电子信息能够获得科学有序的管理和提供利用。这种方案已经被很多档案馆所采用，并且推广应用于馆藏档案数字化处理后的目录信息与电子图像信息的管理中，这是目前我国档案信息化工作过程中值得借鉴和采纳的、行之有效的解决方案。

三、档案工作的"双轨制"

"双轨制"是指在文件形成、处理、归档、保存、利用等过程中，纸质文件和电子文件二者同时存在，两种载体的文件同步随办公业务流程运转，同步进行归档、同步进入归档后的档案保管过程。实行双轨制的机构，在文件（包括收文、发文和内部文件）进入运转程序时就以电子和纸质两种载体并存，业务人员要对同样内容的两类文件进行并行办理。由此看来，"双轨制"的核心是从文件的产生开始就以两种载体形式记录各项社会活动的信息。这些记录中有保存价值的将作为档案进入归档阶段，将纸质和电子的记录同时移交到档案馆（室）。

就网络、电子环境本身而言，尽管它们存在先天的"不安全"和"淘汰快"等缺点，但每一种新的服务器、存储器、数据资源管理系统的出现都会兼容老的版本或者出台新的数据转换或迁移方法，目的是确保原来的电子数据不失效或可读。事实上，很多"读不出来"的"丢失的"数字化的文件和档案，究其原因主要是在计算机硬件环境和软件平台升级的特殊时期，没有及时做数据的转换或迁移工作，当属管理上的失职。当然，每一次转换或迁移都有可能破坏档案文件的原始性，或者丢失一些相关信息，这才是为什么要实行"双轨制"的根本原因。

第二节　文件档案实行一体化管理

计算机的普及，电子文件的产生，各种办公自动化系统的推广和应用，使文档一体化管理真正成为可能。一套新的管理思想、技术和方法将取代过去的管理模式。文件档案一体化管理是文件生命周期理论和全程管理与前端控制思想应用于电子文件管理的典型模式。在网络信息系统中，电子文件和电子档案很难截然分清，各行各业的信息化形成大量的电子文件，在结束其现行业务之后，需要将有保存价值的电子信息进行整理、归档，进入永久保存期，这必然使文档一体化管理模式进入实质性的应用阶段。

一、文档一体化管理思路

文档一体化强调电子文件全过程管理的连续性和信息记录的完整性，目的是确保有保存价值的电子文件，自生成开始到生命周期活动过程结束的全过程，信息能够获得完全的记载和一致的保存。文档一体化管理的思路体现在以下几个方面：

（一）管理过程的互动性

文档一体化最重要的特点是：将现行业务系统的工作与档案工作实现互动与交叉。一方面使档案工作者从文件生成之日起就能够开展鉴定、归档及归档后的管理，通过前端参与和过程控制，加强为社会积累财富的执行力；另一方面也使得开展现行业务活动的工作人员增强了对档案的认知程度，不仅认识到，只有将有价值的文件完整归档并移交给档案部门进行保管才能算相应的工作真正结束，同时还要意识到，在开展现行业务系统的过程中，要责任明确、注意积累，记录电子文件活动全过程中所有重要的和有价值的信息，确保电子文件的真实性和完整性。管理过程的互动性加强了多方人员工作中的交流与沟通，对形成和积累有价值的、完整的、真实记载社会活动记录的电子档案具有非常重要的社会意义。

（二）应用系统的统一性

文档一体化管理模式的实现是文件和档案共同依赖统一的管理信息系统，并运行于同构的网络、服务器、数据库管理平台，采取相同的数据、文件存储格式，不同的是管理文件与档案工作人员对信息系统的操作权限有所不同。在文件的生成、处理、会签、审批等各业务工作处理阶段，业务工作人员拥有对文件的增加、修改、删除等权限，而档案工作者只有查看、浏览的权限。在文件结束其现行期业务工作之后，进入归档阶段时，由电子文件的归档整理人员进行筛选、整理，而档案工作者则开始履行电子文件的鉴定职能和归档前的指导工作。在电子文件归档形成电子档案后,档案工作者则需要开展电子档案的保管,并为档案形成单位和社会提供档案的服务与利用。应用系统的统一性使得在从文件到档案的转变过程中,不再需要数据转换和迁移,保持了文件信息的真实性和完整性,同时也降低工作人员使用信息系统的复杂性,减少了使用过程中的错误发生率。

(三) 工作流程的集成性

在传统的文件管理过程中,文件的形成、归档和作为档案保管与提供利用等环节,都将文件生命周期清楚地划分为三个相对独立的过程,即现行期、半现行期和非现行期,并通过现行业务工作部门、机构档案室和档案馆三个物理位置不同的部门分别完成各自的工作。而文档一体化则将文件、档案的管理流程实现了集成,要求在一个统一的系统内,有统一的控制中心,统一的工作制度,统一的且各有特点又互相衔接的工作程序,将档案著录、鉴定、保存和管理等工作贯穿于文件的形成、流转、会签、批准或签发、整理、鉴定、归档、移交、保存或销毁等各个环节,实现各个过程中工作流程的集成和信息的共享,而且能够根据不同的文件与处理要求定义特定的工作流程,实现流程的优化和个性化处理,提高了工作效率,降低了档案接收和保管的复杂性,避免了信息的多次录入和产生不一致信息的可能性。工作流程的集成性体现在以下几个方面:

(1) 归档工作与文件处理业务活动的集成

各单位在采用办公自动化系统形成和处理文件时,可以考虑对重要文件贴上归档标记,保证其在处理完毕之后即可存入档案数据库。这个动作将一直被定位为将业务活动最后环节的归档,贯穿于电子文件处理的业务流程的各个阶段。

(2) 归档工作和鉴定工作的集成

文件形成之日对重要文件做归档标记,是对文件保存价值的一个初始判断,档案工作人员在开展鉴定工作时,重点考虑带标识的文件。这样既保证了鉴定的质量,又提高了工作效率,使归档文件的质量控制和文件的技术鉴定工作得以同步进行。

(3) 归档工作和用户权限设置、数据备份等安全保护活动的集成

归档意味着电子文件管理权由文件形成单位转移到档案保管单位,系统用户

对文件的操作权限随之发生变化，另外归档过程中需要对归档电子文件做电子签章、做数据备份，这些工作都可以随着归档工作的结束同步完成。

（4）归档工作与档案整理工作的集成

归档的同时，系统将根据预先设定的档案目录信息著录的规则，实现自动分类、自动著录，然后，在人工参与下进行核对、再确认和添加档案室（馆）保管档案的其他元数据项的内容。

（四）业务处理的自动性

文档一体化是在充分信任的网络、计算机和信息系统的数字环境下开展工作，采用信息技术和基于工作流程管理理念实现的自动化信息系统，不仅提高了工作效率，而且降低了错误发生的概率。同时，在一些业务处理环节增加了系统自动处理技术，如电子文件版本信息的自动跟踪、电子文件处理过程中的责任链信息的记录、基于管理规则实现的电子档案的自动标引等，都大大提高了业务处理工作的自动化程度，减少了人工操作的复杂程度。由于这些自动化的处理过程是通过系统进行身份认证之后自动生成并保存记载的，因而，大大提高了电子文件整个生命周期活动中信息记载的真实性和完整性。

（五）归档工作的及时性

通过对文档一体化应用系统的广泛使用，档案工作者能够随时对归档范围内的、已经完成现行期使命的文件实行鉴定、整理、归档和提供利用等工作。

一旦电子文件的形成机构确认该文件已经结束现行期的历史使命，就完全能够实现即时归档、即时鉴定，避免以往通行的隔年归档中存在的各种问题，如丢失、泄密、滞后等。

（六）安全管理的有效性

文档一体化，一方面使电子文件归档过程变得简单、快捷，自动化程度高。另一方面使人们对电子档案原始文件与档案目录数据实现了同步管理，最大限度地减少了人工的干预，不仅提高了归档工作的效率，更重要的是大大增强了归档过程的规范性和安全性。

二、文档一体化深化应用的要求

实现文档一体化管理是信息时代档案工作的全新管理模式,是适应电子文件、电子档案管理发展的必然要求。文件、档案一体化管理的最佳实践是,在组织机构内部建立功能涵盖电子文件生命周期业务活动的管理信息系统。

文档一体化的实现,使办公业务实现自动化、规范化,档案管理日趋现代化,具有电子文件从起草时就备份、从办文时就修正、办完后就归档、鉴定及整理等工作都能依靠计算机实现互动管理等优点。当然,开展文档一体化管理工作,对档案工作者也提出了更新、更高的要求,要求工作人员不仅要具有丰富的档案专业知识,还必须掌握现代信息技术,熟练地使用计算机及通信设备。

(一)提高认识、统一思想

文档一体化的实质是将机构各部门相对分散独立的文件与档案统一为一个有机的整体进行管理。这不仅能够加强档案部门对文件管理的超前控制,保证档案的质量,而且能够实现文档数据的一次输入,多次利用,减少重复劳动,节约人力、财力、物力和时间。然而,要想真正实现文档一体化管理,对档案工作者而言,特别是档案部门的领导,必须对文档一体化管理理念有一个全面、客观、科学的认识,并达成共识:使其充分认识到一体化管理的真正受益者是档案工作者自身,认识到新时期文档一体化的必要性和紧迫性,认识到这是时代赋予当今档案工作者的使命,只有这样才能够顺利推行文档一体化管理,加强自觉性,使他们面对困难,不逃避、不退缩,勇于接受新鲜事物,逐步实施和应用文档一体化管理模式来开展各项业务。

当然,信息化工作是一个长期而复杂的系统工程,需要各单位投入必需的经费支持,这就要求各单位应逐渐增加对档案管理部门的投入(包括人才、资金、设备等),落实档案事业经费,高度重视档案信息化建设,把档案信息化作为机构信息化建设的一个重要内容来抓,统筹规划,同步发展,提高档案管理的工作质量和效率。

(二)加强电子文件管理的标准化与规范化

文档一体化管理,使电子文件与电子档案之间的关系更加密切,把二者放在一个综合的管理系统中,作为前后衔接、相互影响的子系统,统一地组织和控制整个文件生命周期的全过程。由于文件管理与档案管理的这种前后相承的关系,文件管理直接关系到档案管理的存在和发展,只有文件管理做到标准化、规范化,档案管理才能够顺利地展开。如果文件管理无章可循,凌乱不堪,可以想象档案管理各环节也会陷入忙乱无序的状态,这也会影响综合管理信息系统整体功能的效用。因此,必须强化电子文件管理的标准化、规范化,严格规范表达文件内部特征和外部特征信息的各项数据,为更好地推行文档一体化管理服务。作为档案工作者,应严格按照《档案法》和《电子公文归档管理暂行办法》,参考《电子文件归档与管理规范》,对现行文件管理过程提出各种标准、规范和具体实施要求,从而促进文档一体化管理的规范化和标准化。

(三)加强档案工作者的培训和继续教育

文档一体化管理要求档案工作者不仅具有档案学基础理论知识及专业知识,还必须掌握现代信息技术,熟练运用计算机及现代通信设备来操作网络化管理信息系统,要求档案工作者不断调整自己的知识结构,提高技能,加强综合素质的培养。如果不熟悉计算机,不懂网络知识,根本无法接受文档一体化管理思路,更无法开展电子档案的管理工作,也不可能参与到电子文件管理的全过程中。因此,加强档案信息化咨询与培训,开展现代档案管理专业知识和档案信息化技术知识的继续教育,是档案部门迫在眉睫的任务,也是实现文档一体化管理的前提。否则,进行前端控制,开展电子文档的完整、有效和安全管理就成了一句空话。

第三节 推动馆藏档案的数字化应用

为适用公众网络化查档和档案信息化管理的多元化需求,馆藏档案数字化和开展档案数字化应用系统的建设已成为现代档案管理的一项重要内容,对档案工作者而言,这也是一项全新的任务,需要在充分认识到馆藏数字化重要性和必要性的基础上,采取有效的策略和方法,开展馆藏档案数字化系统的建设和有效使用。

一、馆藏档案数字化的意义和任务

馆藏档案数字化工作主要包括两项任务：一是将传统载体档案目录进行数字化；二是将档案内容进行数字化。

档案目录数字化的主要工作是对载体档案进行编目，并将目录信息录入到计算机系统中，建立档案目录数据库，利用管理信息系统实现档案目录数据的计算机化管理和目录信息的资源共享。

档案内容数字化的主要工作是将馆藏的纸质、照片、录音、录像、缩微等档案通过扫描、加工、处理（包括去污处理、图像处理、OCR 识别等），转变为文本、图像、图形、流媒体等数字格式的信息，存储在网络服务器中，利用计算机及信息系统提供查询、检索和浏览。

二、馆藏档案数字化的思路与方法

"一切为了用"是开展馆藏档案数字化的主要目的。这就说明了档案馆工作人员不仅要开展档案目录信息的著录、馆藏档案内容的数字化加工与扫描，更需要建立一整套完整的综合业务管理信息系统，加强数字化后的档案信息的利用服务工作。由于馆藏数字化需要花费大量的人力、物力和财力，加之数字化加工过程对档案原件也会有或多或少的损害，所以，不能盲目地赶潮流、追先进、不分先后、不讲策略地将馆内所有档案逐渐进行数字化。

（一）做好馆藏档案数字化的前期基础工作

需要对哪些档案进行数字化、采取什么方法来开展、数字化加工需要购买哪些设备、除此之外还需要做哪些准备工作，以及如何做等，都是馆藏数字化的前期基础性准备工作。

1. 做好可行性论证

一方面要根据档案利用的需要、资金情况、馆内人员知识结构、馆内软硬件平台、馆内信息化应用现状等基本状况，在充分了解和认识馆藏档案数字化系统建设的复杂程度和技术要求之后，做好馆藏数字化系统建设的可行性论证工作，确保系统建设自始至终不被中断，确保数字化后的档案信息能够真正使用起来，见到实效。

2. 选择数字化加工方式

数字化是保管档案过程中所做的一项技术性较强的现代化处理工作，这对习惯了传统管理工作的档案工作人员来说，具有较大的难度。因此，需要提前做好规划，明确系统建设的实施方案。主要包括：馆藏档案数字化系统分几个阶段完成，每个阶段的任务和目标是什么，应对哪些档案做数字化加工和处理，数字化加工处理过程中的安全控制、进度控制、质量控制和成本控制等过程中应采取的方法与策略，数字化后的档案信息如何与现有的计算机信息系统实现集成，如何发布档案信息以提供利用，如何解决备份和长久保存等问题，这些都需要提前做好解决方案，并在档案工作人员和数字化加工协作人员之间达成共识后，才能开始工作。边加工边讨论的方式只能导致工期拖长、见效缓慢、安全性保障难，甚至导致项目失败。

对馆藏结构、馆藏量、馆藏利用量、馆藏档案年度、馆藏档案受损情况、档案存储介质、各存储介质的寿命等综合因素进行深入的分析，围绕档案永久保存特点、用户快速查档和高频查档的要求进行深入的研究，按照档案利用率和档案的紧急保护程度对库房档案进行量化分析，获得按年、季、月进行排序的需要进行数字化处理的档案案卷数量、纸张数量、纸张大小以及声像和缩微胶片的档案数量等，并以此来提出对购买设备的种类、数量和性能的要求。

如果档案馆内有缩微品档案且数量比较大，以后还会有进馆的缩微档案，就需要考虑是否在馆内购买缩微扫描仪，以解决长期的缩微品数字化的问题；如果数量很少而且以后也不会有缩微档案进馆，那么就不需要购买专用设备，可以考虑采用一次性的外协加工方式。录音、录像档案数字化方案也采用同样的分析方法，根据具体情况考虑是否需要购买专用设备并建立数字化加工流水线等事项。

多数档案馆藏以纸质档案为主，因此，建立纸质档案的数字化加工流水线几乎成为必须，当然各档案馆（室）也可以根据自己的实际情况，不购买扫描设备，采取分批分工的外协加工方式，只需要将加工后的数字档案信息进行科学管理、利用信息系统提供服务。这也是一种推荐的馆藏档案数字化加工的解决方案，特别是在数字化加工量比较大时，即便是在馆内建立数字化加工流水线，如果没有聘用足够的扫描加工工作人员，单靠档案馆内部工作人员很难在短时间内完成加工任务，达到良好效果，而专业化外包加工服务能够在保障质量和安全的前提下快速完成任务。

（二）确定数字化加工的协作模式

档案内容数字化工作包括数字化预加工和深加工两步，预加工是能够将纸质档案、照片档案、缩微胶片等转变为电子图像文件，不能将纸质档案上的文字信息进行完全处理，深加工则是利用技术含量较高的OCR和语音识别等处理技术获取载体档案中的文字信息，以利于提供全文检索。

馆藏档案数字化工作量大，涉及扫描加工、图像处理、数字信息存储与管理、OCR自动识别等技术，仅依靠档案部门的力量开展系统建设是很困难的事情。

第一，在系统建设之初就需要开展需求调研与分析，考虑需要购买哪些硬件设备和软件支撑系统以及系统能够实现的自动化程度等，这必然需要开展大量的咨询、诊断和分析等工作，聘请有经验的、开展数字化加工的专业服务机构来协助档案馆开展系统规划是非常必要的。

第二，开展数字化加工，首先要建设一个能够支持加工过程各环节进行数据管理的信息系统，然后再基于该系统有条不紊地开展工作，只有熟练操作和使用各类数字化设备的加工服务人员才能确保速度快、质量高，确保工作的有序开展。

第三，数字化加工完成后，生成的各类电子图像、原文信息、档案目录数据等都需要做关联处理，而且需要以光盘或者网络存储方式进行发布。

信息发布本身又是一个系统，需要专门开发，如果采用成熟的软件将会大大缩短数字化后的档案数据的呆滞时间。目前，市场上开展数字化加工的专业IT公司已经在信息系统建设、加工流水线、安全保障等方面开展了大量的工作，积累了较为丰富的经验。借助于这些IT公司的力量来开展馆藏档案数字化是一个省时、省力、省钱且相对安全的高效方式。

（三）保障数字化档案信息的真实性

在馆藏档案数字化过程中，数字化档案信息的真实性、完整性保障主要体现在档案实体的扫描加工和档案目录的数字化两个方面。

1.扫描加工过程中的真实性保障

馆藏数字化档案信息在其形成、管理和提供利用的过程中，制定保障档案信息真实性的规章制度是非常重要的管理措施，各个阶段的安全保障侧重点不完全相同。

在数字化加工的档案信息形成阶段，加强对数字化加工人员的管理是非常重要的，其中最重要的是，不允许将档案带出加工基地。另外，数字化承包商为了保证信誉也需要制定严格的加工基地管理措施，多采用半军事化管理，流程化、自动化、岗位责任制等用以强化管理、反抄袭的管理模式，杜绝档案信息在处理过程人为外泄。在档案信息形成阶段，信息真实性的风险表现为技术上的不成熟因素，如扫描过程信息丢失，图像到文字转换过程中产生错误识别等因素，因此采取较高的技术手段是完全可以保障信息真实性的。由于每个过程、每个岗位都会将数字化后的档案信息与档案原件进行比较，而且参与加工的人员主要从事体力劳动，一般不雇用文化程度较高的人员，他们对档案也不是很了解，甚至无心了解，因而，这个阶段档案信息真实性的保障主要是采取先进的技术手段来减少误差。

在数字化档案信息的管理和提供利用阶段，这与电子文件归档后进入该阶段的管理相类似，同样利用灾难备份库对新形成的馆藏数字化后的档案信息进行备份，并在管理和提供利用的过程中加强网络安全管理，提高档案馆内部管理人员操作的规范性和管理工作的程序化，制订自动核对计划，确保档案信息的真实性。

2.数字化档案目录信息的真实性保障

数字化档案目录信息一般都存储在数据库文件中，它的安全性主要取决于数据库管理系统自身的管理能力，它的真实性主要取决于档案管理员依法管档的严格程度。这一部分数据是管理人员根据档案原件提取出来的、用来描述档案原件核心内容的元数据信息（也可能是电子文件自动归档过程中通过预先设定的规则自动生成的、描述文件属性的元数据信息），这一部分信息并不像档案原件那样具有凭证性作用，它只是为了方便管理和快速检索而形成的，并且在以后的管理过程中某些信息可能会改变。因此，它的真实性并不像人们对档案原件数字信息的要求那样高，但为了不产生负面影响，要求档案目录信息的著录人员应依据档案管理学理论，按照档案著录的标准和规范严格要求自己，严格保障目录信息的真实性，从而更有效地提高档案的检索和利用效率。

（四）加强数字化档案信息的整合与集成

馆藏档案数字化和电子文件归档后，产生了大量的数字化档案信息，如果只将其刻录于光盘或存储在磁盘中，不提供系统化的档案利用服务，是错误的和无意义的，也不是馆藏档案数字化的真正目的所在。一些档案馆在开展数字化之前就使用了档案管理信息系统来管理档案的目录信息，并在馆内提供档案目录信息的检索服务，也有一些档案馆在开展数字化的同时也建立起电子文件归档系统，收集电子文件并整理其目录信息，还有些是将馆藏档案数字化作为档案信息化的启动工程。但无论是哪种情况，都需要处理好当前档案馆面临的电子文件归档、馆藏档案数字化和对传统载体档案管理的业务关系，将这三项主要工作形成的数字化档案目录信息和档案内容对象实行同步管理，档案有纸质备份的或纸质档案有数字化拷贝的，都需要做关联处理，档案内容的一致性管理。否则，在档案馆分别建立电子文件管理系统、馆藏档案数字化管理系统、纸质档案管理系统，必然会造成系统间数据重复，甚至不一致，从而增加管理的复杂程度。

21世纪初，我国的各级各类档案馆正处在纸质档案与电子档案并行接收和管理的特殊时期，传统载体档案的目录数字化需要计算机管理，馆藏档案数字化后形成的图像文件需要信息化管理，电子文件归档后形成的电子档案也需要信息化管理。因此，当前档案工作的复杂程度相对较大，需要制定科学的管理制度，梳理管理流程，加强对档案实体和档案数字化信息的集成化管理。只有这样，档案工作的效率才会得到较大程度的提高，档案信息才能得到有效的利用。

（五）保障数字化档案信息的存储安全

数字化档案信息的安全管理是档案信息化应用的前提条件。档案安全管理的重要性是由档案本身和档案管理的性质决定的，档案信息化建设必须充分考虑电子环境、应用系统和档案数据存储等方面的安全问题，正确处理方便、高效使用与安全管理的关系，不能因过分考虑安全而限制了档案信息的网络化传输与使用，这样将大大降低网络化应用系统的使用价值。对于数字化档案的网络化存储系统，一方面要求使用带自动备份功能的专用服务器和数据库管理系统，能够配置备份作业计划并安全执行，如光盘库、磁盘阵列、专用网络存储设备等，对备份信息能够实现数据的迁移和方便恢复；另一方面也应同时使用安全介质备份，定期刻录（复制）备份信息，实行异地保管。

当然，数字档案的安全保障更需要建立健全管理制度和安全操作规范，实行有效的网络安全管理手段和措施，采用严格的授权管理解决方案。从档案内容的安全管理角度来说，应充分考虑以下基本的安全保障原则：

（1）密级区分原则。对保密档案信息实行物理隔离并将责任落实到人。

（2）内外区分原则。将开发档案信息与受控使用的档案信息进行区分。

（3）用户区分原则。将档案形成人员、档案管理人员和公众用户分别设立不同的使用系统和浏览数据的权限。

（4）系统区分原则。将档案馆内部使用的档案管理信息系统、电子文件归档系统、档案信息发布与利用服务、行政规范性文件管理等系统加以区分，严格控制各自的安全操作权限。

（六）提供数字化档案信息的方便利用

馆藏档案数字化的一个根本目的是方便利用，如果将数字化后的图像刻录成光盘存放在库房中，与纸质档案采用同样的管理方式，那么数字化的效果就很难体现出来。只有真正将档案的数字信息放在网络环境中，提供网络化的高效服务，才能确保投资有收益。

第四节　推动档案资源的社会化利用

在信息社会和知识型社会迅速发展的 21 世纪，在档案信息化建设与发展的众多方面，无论是技术手段，还是信息资源的有效积累和广泛利用，都必将以档案信息资源的整合、集成、共享、利用作为出发点和落脚点，以传承人类文明，共享信息资源，实现社会的可持续健康发展。

一、档案资源的知识化积累

档案的形成（鉴定、收集、整理与归档）是从个体知识到组织知识，再到社会知识转换的文化积累、动态跟踪的历史记载过程，档案的开发与利用（编研、开放、发布与利用）是人类传承文明、创新发展的进步与发展过程。这两个相互衔接、彼此推动的过程循环往复、推陈出新，构成了人类社会的知识化动增长和社会化自适应的档案资源不断丰富的过程模型。这表明了档案文化通过"传—承—积累—发展—传"这样一种类似于文化加工厂的生产工序，随人类自身的繁衍而形成民族文化生生不息、无始无终的传承环链。

21世纪初，我国的电子政务与各行各业的信息化已经进入了以知识管理为核心的快速提升和综合运营的重要发展阶段，信息技术的发展把知识管理推到了重要的位置，"以知识为基础的经济社会"的提法更表明了人们对知识和技术在经济增长中的作用有了更充分的认识。可以想象，未来的互联网是一个丰富多彩的"知识网"，是一个储存综合知识的文化资源大仓库。档案作为人类社会活动的原始记录者和忠实承载者，记录了人类社会成果的同时也揭示着人类文化，它是民族文化遗产的重要组成部分。同时，档案在文化传承中占据着举足轻重的地位，发挥着不可替代的作用。档案资源必将会成为未来"知识网"中不可或缺的重要组成部分，世世代代传承着人类的文明。

二、档案资源的共享化利用

社会信息化使档案信息资源面临着一个全新的生存环境与发展空间。档案资源唯有回归社会，得到最大限度的利用，才能体现档案保管的价值和作用。事实告诉我们，实现档案信息资源的集成化管理和共享化利用是档案贴近公众、服务社会的最佳解决方案。

要实现档案信息资源的共享化利用，首先必须在档案基础数据库的建设上下功夫。档案基础数据库是建设数字档案馆和开展档案信息化的基础性工作之一，是实现档案信息资源的集成共享、统一管理、高效检索和方便利用的基础信息存储结构，更是国家信息资源数据库建设的重要内容。今天，我们处于信息技术快速发展的知识经济时代，国家、城市综合服务资源库的建设是社会发展的需要，是加强政务公开、实现便民服务的一项基础性工作。我国已经在人口、法人、自然资源与宏观经济四大数据库的建设方面取得较大成效，档案作为人类社会活动的历史记载，档案资源的开发利用和档案基础数据库的建设是国家信息资源建设的重要组成部分。可以说，档案基础数据库的建设已经成为各级各类档案馆面向社会提供档案资源利用服务的基本职能，成为我国整合档案信息资源、弘扬民族文化、提高民族素质的历史性课题，同时也是档案工作者采用现代化手段记忆当今社会改革、建设、发展的真实过程，支撑社会经济发展的历史性责任和义务，更是政务公开、提高办事效率和促进科学决策的依据。

在我国，目前也有一些省市级档案馆开展数字档案馆建设，制定了符合各地区需求的数字档案的元数据格式规范，建立了档案目录中心，提供部分开放档案信息的检索服务功能，具有典型示范作用。比如福建省档案基础数据库建设，它是基于分布式数据库，在原来单机和局域网络的基础上开发完成，它连接了若干分布式数据库，并建立了档案目录数据库、档案内容数据库等。建设档案基础数据库的关键技术如海量、非结构化的数据存储解决方案，基于知识管理的数据仓库和数据挖掘等技术尚未在档案信息化领域得到广泛应用，这些因素都大大降低了档案基础数据库建设的速度和质量，致使各类档案资源难以形成一个统一的资源库整体，限制了档案资源的深层次挖掘和广泛利用。因此，研究档案基础数据库的元数据标准集、数字化档案信息的格式规范以及档案基础数据库的建设思路和方法、各类结构化和非结构化档案数据的组织、存储和检索利用的关键技术、整合方案、提供检索服务和共享利用的有效机制等，将成为当前档案馆信息化建设重要的基础性工作。

三、档案信息服务机制变革

各行各业信息化进程的加快，档案馆信息化应用也逐渐走向更广、更深的领域。档案信息服务将不再拘泥于传统的、单一的方式，将会有所创新，趋向多元化发展。

（一）服务方式由被动性向主动性转变

改变传统的被动服务方式，积极主动地开展档案信息服务。长期以来，在档案信息利用上，总是遵循一种传统的服务方式——"等客上门"。这实质上与信息社会的发展极不协调，不利于档案信息价值的体现与发挥，封闭了档案信息表现价值的众多途径。而档案信息服务方式也必须考虑档案的特性，"送货上门"也是不行的，不符合《档案法》的基本要求。档案信息的主动服务方式应该是"请客入门"。

（二）服务手段由传统型向现代化转变

计算机网络技术、数据库技术以及多媒体技术的发展使得档案信息服务手段发生了巨大的转变。借鉴相关学科数字化发展的研究成果，实现档案管理现代化应借助于数字化综合管理信息系统，把分散于不同载体、不同地理位置的档案信息资源以数字化的形式储存，以基于对象管理的模式管理，以网络化的方式互相联结，从而提供及时利用，实现档案信息资源共享。我国是发展中国家，经济和技术条件的制约决定了档案管理手段转变的长期性，传统的档案馆信息服务技术与服务手段将得到一定程度上的扬弃，将以新的信息传播循环方式提供档案信息服务。

（三）服务内容由单一型向多元化发展

通过网络等信息技术与其他档案馆、信息机构及整个社会信息资源建立起紧密的联系。其信息服务将增加新的内容：诸如档案信息资源网络化组织管理、档案信息资源的网络导航、档案信息的数字化开发与提供利用、档案用户的教育培训等。例如，在档案利用者的教育培训方面，就要在对利用者进行传统档案检索和获取方式的培训的基础上，重点帮助利用者学会如何利用数字化的信息资源、如何选择档案信息数据库、如何从网上获取所需的档案信息、如何操作远程通信软件等。档案信息组织方式、检索方式、采集方式，较之其他类型的文献信息来说，具有复杂多样、技术含量高、对利用者信息能力要求高等特点，而我国熟练使用档案信息的人很少，所以对档案利用者的信息检索能力、信息获取能力、信息筛选能力、信息识别能力的培养是一项档案信息服务的重要内容。

（四）档案资源由封闭性向开放性转变

在网络环境下，档案馆信息服务资源已不再仅仅局限于馆藏档案信息量等指标，而是着眼于档案馆获取档案信息、提供档案信息的能力。所以档案馆在充分开发利用本馆馆藏档案信息外，还必须通过网络检索利用其他档案馆馆藏信息和网上信息资源。

建立档案信息资源的现代化管理系统，将档案信息纳入计算机网络，从而达到最快捷的信息资源利用效果。通过网络等信息技术实现档案信息价值的最大化，并最终取得档案信息服务于社会的最佳效果。这需要一个过程，从单机操作到建立档案管理信息系统网络、联结有关信息机构网站，最终并入国际互联网。从我国现实情况来看，这将有一个长远的过程，然而这必将是档案馆信息服务发展的终极目标。

（五）档案资源由单一型向多样性转变

档案馆提供的单一信息服务的资源是以收藏纸质档案为主要内容。在网络环境下，档案馆综合信息服务模式的服务资源则要朝着多种载体形式并存的方向发展，包括各种电子文件、光盘、多媒体、缩微载体和声像载体等，尤其要增加数字化馆藏资源的建设。网络环境下的数字档案馆所拥有的完整的馆藏含义应该是"物理实体馆藏＋数字化馆藏"。我国档案馆在档案信息数据库建设方面的任务是：在保留传统档案文献的同时，应通过协作与协调，在一定程度上对馆藏资源进行数字化，要注意将各馆独特价值的馆藏文献数字化，制成光盘或上网传播，使各馆上网信息独具特色，并在此基础上形成一个档案信息网络。

第五节 档案资源实行多元化保存

21世纪，社会信息化的普及与应用使档案信息的保存与管理呈现多元化趋势，档案的保存方式正从以纸质档案为主的传统载体走向光、电、磁、网络等新型载体，而且随着数字档案信息量的不断增长和扩大，档案的管理和存储势必引起社会的高度重视。

一、介质存储

从古至今，介质存储一直是保存档案的主流方式，不同介质承载的档案本质属性并无差别，都是人类认识世界和改造世界的历史记录，是社会的重要信息资源。人类曾以石器、竹器、纸张、磁带、缩微胶片等作为载体记录档案的内容，而在网络信息时代，由于档案的形成在很大程度上依赖于计算机及其应用系统环境，档案信息以数字形式展现给人类。为了保存这些数字形式的文件和档案，人类发明了软盘、磁盘、光盘等存储数字信息的新型载体，使用这些载体，人们能够方便地存储、迁移、展示和传播档案信息，开展深入的编研开发工作，为社会提供档案利用的多样化服务。与传统档案载体相比较，数字形式的档案载体为公众提供了灵活、方便利用档案的机会，而对于习惯了保管传统载体档案的档案工作者来说，面临的新挑战是，如何将这些新型载体档案进行永久保存和广泛利用。

关于数字资源永久保存问题的研究，国内外已经有很多单位付出了努力，有的致力于提高数字信息载体的寿命，有的则在扩大载体的存储容量、降低存储成本上下功夫。

"双套制"工作策略已被很多单位所采纳，即将有保存价值的电子文件归档时，同时做一套纸质备份或制作缩微胶片，延长档案的保存寿命，将存储在数字信息载体上的档案主要用于提供利用服务和载体备份。"双套制"是过渡时期档案管理的一种可操作解决方案，在一定程度上减轻了档案工作者保存档案的压力，但增加了管理过程的成本。在实际工作过程中，很多单位采用纸质、缩微、数字信息载体各制作一套备份，这样，制作成本、管理成本呈现持续上升的趋势。应该说，随着档案信息量的增大，这种方式很难持续较长的时间。另外，并不是所有的数字档案都能够制作纸质或缩微的备份，只能以数字载体形式进行存储，这就需要加强管理，制定长期保存数字档案数据的管理规范和规章制度。在选择较长寿命存储载体的前提下，定期进行检查，根据需要做数据迁移，并在数据迁移的过程中确保档案的真实、完整和有效。因此，我们期待具有较长寿命和稳定特性的数字信息存储载体问世的同时，更需要提高现代管理的水平，保证工作的有效性。

二、网络存储

数字档案信息的产生是历史的必然，也是社会公众对档案利用渴望的结果。档案记载着历史，传承着文化，档案信息对人类社会的发展与进步起着承前启后的作用。在数字化高速发展的今天，网络已经渗透到社会各个领域的日常运营管理中。具有海量存储性能的网络存储产品及其组织与管理数字信息的软件系统的问世，为数字档案的存储提供了可能。各级机构建立的互联网、专网和内网则为档案的网络化收集、整理、归档、存储、传播、利用提供了基础平台。

网络存储领域最典型的代表有直接附加存储、网络附加存储、存储区域网以及内容寻址存储。事实上，DAS、NAS、SAN 和 CAS 是集数据存储硬件设备和数据管理软件系统于一体的存储解决方案。区别于介质存储的脱机方式，网络存储的主要作用是提供数字信息的在线访问，而数据管理则是解决网络上数据的组织、存取与访问方式，目的是管理数据并提供访问机制。通常采用关系型数据库管理系统（RDBMS）、文件数据管理系统和内容存储管理系统等。

网络存储技术解决方案是将数据存储与数据管理技术紧密结合起来，提供存储和管理的一体化解决方案。所以，存储管理软件与存储器硬件设备在网络存储管理方案中占有同等重要的地位。网络存储未来的重点已经不仅仅是硬件技术本身的问题，而是如何高效地对存储资源进行管理。存储管理应该包括三个基本范畴，设备管理、用户管理和数据管理。

三、备份管理

网络、计算机、信息系统的深入应用和普及，各档案馆（室）的网络系统内的服务器和网络存储设备担负着关键的应用，存储着重要的信息和数据，为领导及业务部门提供综合信息查询的服务，为业务部门提供数据处理、辅助业务处理和数据存取与访问等功能，为网络环境下档案利用者提供快速高效的信息查询、检索和利用等的各项服务。因此，建立可靠的备份系统，保护关键应用及档案数据的安全是信息化应用中的重要任务，在网络、系统发生人为或自然灾难的情况下，保证档案数据不丢失，系统能够得到快速恢复，尽量将损失降到最低，所以，备份也是保障数字档案安全存储的一个重要方法。

一个完整的网络备份方案应包括备份硬件、备份软件、备份数据和备份计划四大部分。

备份硬件通常采用硬盘介质存储、光学介质（光盘和磁光盘 MO）和磁介质（磁带）存储技术。与磁带或磁带机存储技术和光学介质备份相比，硬盘存储所需的费用是比较昂贵的。磁盘存储技术能够提供容错解决方案，但也很难抵御用户的错误和病毒；光学介质备份提供了比较经济的备份存储解决方案，但它们所用的访问时间比较长且容量相对较小，当备份大容量数据时，所需光盘数量大，管理成本增高；磁带具有容量大且可灵活配置、速度相对适中、介质保存长久（存储时间超过 30 年）、成本较低、数据安全性高、可实现无人操作的自动备份等优点，但检索起来不太方便。

备份计划是备份工作中的管理功能，是备份策略的具体描述。规定每天的备份以什么方式进行，使用什么介质，对什么数据，在什么时间进行以及系统备工作的实施细则等。备份方式主要有全备份、增量备份和差分备份。全备份所需时间最长，但恢复时间最短，操作最方便，当系统中数据量不大时，采用全备份最可靠。增量备份和差分备份所需的备份介质和备份时间都会少一些，但是恢复起来要比全备份麻烦一些。用户根据自身业务对备份窗口和灾难恢复的要求，应该进行不同的选择，以得到更好的效果。

备份数据是备份工作的内涵所在，按照备份计划将网络系统中有用的数据、程序、文件等备份到预先选择的存储介质中，以保证数据意外丢失时能尽快恢复。这里，需要重点指出的是，灾难备份与恢复是档案信息化中应采用的重要措施，这是由档案的不可再生性及其原始特殊性所决定的。灾难备份与灾难恢复措施在备份工作中占有相当重要的地位，它关系到系统、软件与数据在经历灾难后能否快速、准确地恢复。灾难主要包括地震、火灾、水灾等自然灾难，以及战争、恐怖袭击、网络攻击、设备系统故障和人为破坏等无法预料的突发事件。尤其在网络病毒传播速度非常快的今天，如果没有一定的应急响应能力，突发事件将给社会带来灾难性的后果。加强灾难备份，建立应急响应措施，就可以做到减少灾难所带来的社会成本和压力。在信息化环境下，灾难备份是应对突发事件、保护信息的相应的防范。尽管灾难备份建设是一项比较复杂、周密细致的系统工程，涉及灾难备份中心选点、灾难备份中心建设、机房建设、基础设施建设等内容，同时还涉及灾难备份系统建设、专业运营队伍建设、灾难备份中心运营管理体制建设和灾难备份中心运营管理等工作。不仅需要投入大量人力、物力和财力，还需要考虑灾难备份系统的实施所面临的技术难度以及经验不足所带来的风险，而且需要考虑长期运营管理方面的资金投入。但作为21世纪的档案工作者，在开展档案信息化建设之初，就必须引起足够的重视。

第六节 数字档案实行安全性保障

从古至今，人类一刻也没有停止过思考和采取各种方法和手段来保障档案的安全，维护档案的历史性和真实性，保护档案的真实、完整与有效。对于传统载体的档案，人们已经探索了上千年，已经逐步形成了保护档案安全、维护档案真实原貌以及档案永久保存的各种技术、手段和方法，如档案馆公共环境的安全保卫制度、档案馆库房的恒温恒湿措施、纸质档案的技术保护、档案的缩微处理等各种有效措施和手段。自20世纪90年代以来，电子文件归档、馆藏档案数字化都逐渐形成了各种数字形式的档案，由于数字档案的网络化、计算机化和数字载体的存储方式的多样化，又对档案的安全保障提出了新的要求，传统的安全保障方法主要适合于存放在档案馆的实体档案，难以满足网络环境下的数字档案的安全保障要求。基于这样的需求和业务发展的需要，人类正在不断地探求和摸索，寻找既能保护现有馆藏档案的安全，又能确保数字档案安全的整体性解决方案。

一、数字档案安全保障的基本思路和方法

网络、计算机、存储器和信息系统是数字化档案信息生存的基础，也是引发安全问题的风险基地。黑客攻击、病毒蔓延、信息窃取、技术落后、制度不健全、管理不规范、措施不到位、治理不及时是产生不安全因素的根源，其中有客观的因素，也有主观的原因。因此，加强对客观侵害行为的防范、对主要漏洞的治理、对安全事故的补救是保障网络畅通、系统稳定、数据安全的重要措施。只有网络和系统安全了，制度规范健全了，组织团队落实了，数字化档案信息的安全才能得以保障。

（一）建立技术保障体系

积极防御、综合防范，创建安全的网络、系统和应用环境，保障数字化档案信息的安全需要从网络、系统、应用、数据等多个层面来分析问题，并提出解决问题的策略、方法和措施。

1. 保障网络安全

启用入侵检测和访问控制的联动服务。网络安全主要包含两层含义，一是基础设施、网络与计算机设备等硬件设备的无故障运行，其安全性关键在于要购买优质的硬件设备并在运行过程中加强管理和维护，确保科学使用，这一点只能靠机构中的人和制度来保障；二是保障合法用户的正常使用，确保网络上信息资源不被非法用户盗窃、更改。防火墙和入侵检测技术是常用的保障网络安全的两种手段，入侵检测技术侧重于监测、监控和预警，而防火墙则在内外网之间的访问

控制领域具有明显的优势。如今，面对网络攻击手段复杂度的不断提高及融合能力的逐渐加强，在网络层采取安全技术的集成化应用和安全产品的联动启用措施，全面提高网络的综合防范能力，已经成为人们保护全网安全的重要举措。

2. 保障系统安全

加强升级服务，做到无漏洞运行。几乎所有的操作系统及其提供的应用与服务均已发现有安全漏洞，并且越流行的其安全问题越多。目前各操作系统的开发商已经开设了专业通道，提供升级服务的补丁程序下载、安装和检测服务，而且大多是免费的。因此，能否做到系统的无漏洞运行，关键在于人们是否使用正版软件，增强安全意识，并做到及时升级，及时打补丁。对操作系统的安全，除了不断地增加安全补丁外，还需要时常检查系统的各项设置，如敏感数据的存放方式、访问控制机制、密码更新的频度等基础性策略，并充分利用操作系统提供的强大功能，首先建立基于本机操作系统的安全防御与监控系统，保障各客户端的无漏洞运行。

3. 保障档案信息系统的安全

采取防偷窃及基于生物识别的强身份认证措施。档案管理信息系统是特定的应用程序，它的安全主要取决于：是否是合法的用户在合法的权限范围内执行了合法的操作，做好系统用户的安全管理，不给偷窃者以机会。目前，保障合法用户的做法是采取强身份认证、加密和防密码偷窃等技术，如指纹识别、虹膜认证等，都是确保用户身份的高安全性技术措施，生物识别技术已经广泛应用于硬盘加密、数据加密、身份验证等环节。而对于合法用户越权操作与非法操作的情况，主要取决于内部安全管理制度和措施的有效性实施与落实。

4. 保障档案数据的安全

实行隔离、加密、灾难备份等措施。安全管理的最终目的就是保障网络上传输的、系统中存储的、用户访问到的档案数据和信息是真实、完整和有效的，并保障系统操作者能够方便地访问自身权限范围内的数据，杜绝无权用户进入系统。因此，数据加密、硬盘加密、文件系统加密、增加系统存储的复杂性等都成为保障数据安全的有效措施。对于保密和绝密的数据应采取物理隔离，不允许上网操作。而异地备份则是避免地震、火灾等的重要防范措施，更是确保档案信息安全必不可少的重要备份措施，任何档案保管机构都应建立灾难备份系统。

5. 病毒防范

建立网络化的病毒防范体系，实现病毒库的同步升级。几乎有网络和计算机存在的地方，都会有病毒。谈毒色变的主要原因是不了解病毒的工作原理，病毒泛滥的主要原因是病毒库不及时升级。因此，每台计算机上都应安装防病毒软件系统，并及时更新病毒库。而对于网络环境下的一个组织而言，病毒杀不尽的原因则是网络上至少有一台机器有病毒，并在网上扩散传播，因此，购买网络版的防病毒软件，建立网络化的病毒防范体系，实现病毒库的统一管理，同步升级，是防范病毒侵害数字化档案信息的有效措施之一。同时，加强对病毒知识的学习，提高机构中每位员工的主动防范意识和警惕性也是非常重要的保障措施。

然而，各种技术保障措施固然可以为网络、计算机、存储设备、系统服务、应用程序等软硬件系统建立"硬件"防护体系，但要使它们真正起作用，还需要管理制度这样的"软件"防护体系与之协同工作，其中，人是最关键的因素之一。正像木桶原理所阐述的道理一样，网络及信息的整体安全取决于包括操作人员在内的整个网络系统环境中安全性最薄弱的环节，也就是说，如果网络中有一个人不按规范操作、有一台机器留有漏洞、有一个应用程序感染病毒、有一个端口留有后门，都有可能造成整个网络的彻底瘫痪。因此，需要建立健全的安全管理制度和一体化的管理方案，并将措施落实到组织中的每个人、每件设备、每台机器、每个应用、每个服务，才能确保网络、系统和数据的安全。

（二）建立制度保障体系

保障网络、系统和档案信息安全的永久性措施应该是建立程序化、制度化管理模式并严格执行、落实到位。这同样需要在网络层、系统层、数据层和应用层分别制定相应的政策与规范，并采取必要的措施强化落实，做到制度正确，落实见效。

1. 网络、机房、服务器管理规范

主要包括制定保障网络线路、通信设备、交换机、服务器、主机房内和网络，支持档案管理机构内部档案信息系统运行的网络基础设施的防火防盗管理制度，以及保障该机构局域网内部用户访问内部档案信息资源和访问互联网的操作规范，制定本项操作规范的依据是业务部门的实际需求，制定规范的决策者是

CIO，执行者是 NA 和 SA 两个重要的角色，任何用户只是按照被分配的权限进行操作，不能越位执行。

2. 数字档案信息安全存储管理规范

根据档案信息的安全级别和保密程度的不同，需要分门别类地制定不同的管理规范，确定不同的存储方案。密级档案信息应实行物理隔离，专人操作，必要情况下对硬盘采取强安全加密措施。内部处理的档案业务数据在开展网络化共享与维护的过程中，严格区分用户的访问权限，对外开放的数据重点制定防范数据被篡改的策略和方法。制定本项操作规范的依据是《档案法》及机构规定的档案管理制度。

3. 个人 PC 和客户端的安全操作规范

客户端的安全操作规范主要是指客户端的上网制度、客户端的安全配置规范、客户端应用系统的安装、运行和维护方法、客户端及个人用户在使用档案管理信息系统时的操作规范等方面的要求，这将涉及组织中每一位员工，任何人都不能轻视。制定该项制度的依据是整个档案业务管理机构全网安全和信息安全的总体要求。

4. 数字档案应用系统的安全操作规范

电子文件归档系统、馆藏档案数字化系统、档案信息发布与提供利用的网站系统等应用程序是我们访问数字档案信息的重要工具。建立有效的操作规范，确定科学的数据转换与图像处理的技术参数，采取数据加密措施，实施严格的权限管理制度，是制定应用系统安全管理的重要内容。该项制度一旦确定，重要的是需要做到持久执行，并在执行的过程中逐步完善。

（三）建立组织保障体系

目前，在我国档案行业，确保网络和档案信息安全的组织保障体系（以下简称为信息管理组织体系）与行政管理和实际业务管理过程中的组织体系（以下简称业务管理组织体系）往往是不同的，其主要区别在于，信息管理组织体系中的成员几乎不参与决策，更无权支配和调配信息化项目的资金和团队成员，日常工作中扮演的几乎都是"救火队"的角色。主要原因是，业务管理和信息化应用没有真正融为一体，两者之间隔着观念和认识上的鸿沟。事实上，理想的管理模式是二者合一，要求机构的领导是既懂业务又熟悉信息化应用的现代化管理人才，要求档案业务工作者也是掌握多项技能的复合型人才，要求机构中的每位员工把信息化和档案业务作为同等重要的基础性工作来开展。

（四）建立安全监控体系

档案信息安全运行的法规、制度、标准与规范将随着信息系统的建设和运行逐渐得到发展和完善，但档案信息系统和档案信息是否能够真正获得安全保障，关键还在于这些安全法规和标准制度是否能够得到有效的执行和应用。因此，在健全网络安全法律法规的同时，还应加大执法力度，加强运行管理与监督控制的力度，为网络与系统的安全运行提供法律保障和运行保障的长效机制。

这一目标的实现不仅需要档案管理部门及所有人员付出努力，更需要国家立法机构的支持，还需要建设、使用和维护档案管理信息系统安全运行的所有参与者不断加强安全意识，执行安全制度，随需求改变和完善安全管理策略确保系统运行和档案信息存储的持续安全。

安全审计、安全监控等都是网络与系统安全运行的监控手段和方法。安全审计和监控的对象主要是网络、服务器和计算机系统的环境安全、实体安全、机房设备的防电磁泄漏、软件安全技术、软件加密技术、操作系统的安全管理、数据库的安全与加密、数据传输的安全与加密、局域网安全控制、计算机病毒的诊断与消除、系统的运行安全，以及整个系统的安全解决方案和安全评估等，都属于将纳入安全审计和安全监控的范围。

安全监控的具体措施包括，各级保密工作部门和机构负责本地区、本部门网上信息的保密检查，发现问题，及时处理；涉密信息网络必须与公共信息网实行物理隔离；在与公共信息网相连的信息设备上不得存储、处理和传递国家秘密信息；加强对上网人员的监督与管理，明确责任，确保在公共信息网上不发生泄露国家秘密的事件。

随着信息安全的专业化发展和复杂程度的提高，保障信息安全的技术与方法难度也在逐渐加大，同时，由于信息安全是个动态的、发展的过程，不可能一步到位。因此，基于成本考虑和技术先进性考虑，信息安全外包成为一种趋势，信息安全服务是信息安全外包的一项最重要内容，也逐渐被市场所接受。

信息安全服务提供包含从高端的全面安全体系到细节的技术解决措施，安全服务分层次和内容进行开展，主要包括信息安全咨询和信息安全策略服务、安全监控和安全审计服务、安全响应和安全产品支持服务等。

因此，安全监控体系的建设，首先应根据各单位执行安全审计和安全监控的能力，选择是否采取专业化服务来开展；其次是要确定安全监控的层次和内容；最后要选择合适的安全监控服务的专业机构或团队来确保安全监控体系的建设与执行。

二、基于电子签名保障电子文件归档的安全

拥有合法电子签名的电子文件原件归档后将形成真正的电子档案。合法有效的电子文件移交到档案馆可以采取介质归档，也可以采取网上归档。具体实现过程包括：电子文件内容的真实性和完整性的确认，归档单位和归档责任者身份认证，归档单位对电子文件执行电子签名，档案馆接收人对电子签名的验证和对电子文件可读性的确认。

电子文件网络化归档的工作流程，整个系统工作的必要条件是归档单位具有第三方认证的电子印章，归档单位和档案馆需要建立能够阅读带有电子签名的电子文件原件内容的管理信息系统，即建立归档文件中心和电子档案中心两个信息系统（归档文件中心与现行业务系统的数据备份系统保持同步工作），电子文件一旦被修改，系统能够识别，而且会将其视为无效文档，并通过各种技术手段保障经过电子签名后的电子文件的安全、完整和可读。

（一）电子文件原件及其完整性确认

档案形成单位所采用的现行业务管理信息系统是电子文件原件及其元数据信息的发源地，系统的安全可靠是确保电子文件真实性的根本依据，档案工作者应按照档案接收和保管工作的要求，在该系统建设之前提出具体的保障电子文件真实性需求，并提前开展档案的指导工作。特别是应在电子文件即将结束现行期使命之前，提示各单位做好备份和归档准备等各项工作。更为重要的是，应将拥有电子签名的电子文件最终文稿及时地转存到归档文件中心，以便及时开展归档工作。

（二）归档单位及归档责任者身份认证

系统中包括单位和个人双重身份认证内容。归档单位的身份确认是通过《中

华人民共和国电子签名法》中规定的具有权威性、可信任性和公正性的电子认证服务机构提供（简称 CA 服务机构）并签发的电子印章和证书，进行身份认证的方式分为单向认证和双向认证。电子文件归档采用单向认证方式，实现档案馆对归档单位网上传输的电子文件的合法身份认证，这时档案馆需要从 CA 服务机构的目录服务器中查询索引，获得证书之后，首先用 CA 的根证书公钥验证该证书的签名，验证通过说明该证书是第三方 CA 签发的有效证书，然后检查证书的有效期、检查该证书是否失效或进入黑名单等，从而确定归档单位的身份有效性。关于归档责任者的身份认证也可以采取上述方法，但一般只需要在信息系统中采取像指纹、密码等有效措施就可以得以保障。

（三）电子签名的实现

归档单位在登记注册合法的电子签名后，拥有 CA 服务机构发放的签名证书的私钥及其验证公钥。实现签名的过程是首先确认需要归档的电子文件，然后用哈希算法对电子文件做数字摘要，再对数字摘要用签名私钥做非对称加密，即做数字签名，最后将以上的签名和电子文件原文以及签名证书的公钥加在一起进行封装，形成签名结果发送给接收方，等待接收方验证。

（四）电子签名的验证

档案馆接收到数字签名的结果，其中包括数字签名、电子原文和发方公钥。进行签名验证，首先用归档单位发送过来的公钥解密数字签名，导出数字摘要，并对电子文件原文做同样的哈希算法，获得一个新的数字摘要，将两个摘要的哈希值进行结果比较，结果相同则签名得到验证，否则签名无效。

（五）签名电子文件的可读性保障

归档单位归档时发送给档案馆的和档案馆接收到的都是经过签名的电子文件，经过合法性和完整验证后，电子文件就成为电子档案并由档案馆进行管理，提供对外服务与利用。这就要求档案馆建立的电子档案管理信息系统不仅安全可靠，而且能够阅读和浏览签名的电子文件，目前这一技术已经由很多单位实现，并做成插件形式，可以嵌入到档案管理信息系统中，必要时可以打印出带有印章的档案文件，作为凭证依据。当前市场上流行的模拟纸质文书的数字纸张就是非常典型的应用案例。

电子文件归档过程可以看作是对传统纸质档案的电子化模拟与流程化规范的过程，所不同的是从对文件的收集、整理、鉴定、移交、接收到管理的全过程都采用了网络、信息系统、数字签章和身份认证的电子化与自动化操作模式。这种方式，一方面使电子文件归档过程变得简单、快捷、自动化程度高；另一方面使人们对电子档案原始文件的管理与管理档案目录数据的信息系统实现了同步管理，最大限度地减少了人工的干预，提高了归档工作的效率，更重要的是，也大大增强了归档过程的规范性和安全性。至于网络和信息系统带来的安全风险，是能够通过采取各种现代技术手段得到控制和加强的。事实上，有权威机构统计，70%的信息安全事件来自管理上的漏洞，应该说采用自动化手段执法比靠人工执法的安全性要高。因此，作为新时期的档案工作者，应该顺应历史的潮流，改变传统的观念，大胆地接收真实、合法、完整、有效的电子文件，做到对历史负责、为现实服务、替未来着想。

三、数字化档案信息安全保障的总体结构

"坚持积极防御、综合防范的方针，全面提高信息安全防护能力，重点保障基础信息网络和重要信息系统的安全，创建安全健康的网络环境，保障和促进信息化发展，保护公众利益，维护国家安全"是国家对信息安全保障工作的总体要求，也是架构数字档案信息安全保障体系的总体指导思想。各档案管理部门应在遵守公共安全、信息安全、计算机安全等法律法规制度的前提下，首先，建立保障数字化档案信息安全运行的组织体系，制定安全管理的规章制度，加强教育和培训，提高所有人员的安全意识，规范操作过程，坚持全员思想上的同步安全原则，开展科学的档案管理工作，杜绝由于人为因素而引发安全事件；其次，根据档案数据、业务流程以及内部网络设备的使用特点，建设各个层次的技术保障措施，设定和执行网络边界区域防火墙、入侵检测、网络管理系统等安全策略，加强内外网络之间访问权限的控制与管理，对内部网络中的计算机和服务器，加强操作系统和应用程序的修补与更新，强化应用程序的安全，合理分配各用户的操作权限，根据需要对存储系统与档案数据采取必要的加密措施等一系列的技术保障措施；最后，在运行环节上加强管理和控制，在内部网络所有层次上落实安全

管理制度，实施保障安全运行的有效措施，对保密档案数据实行物理隔离措施，对在线运行系统的档案数据采取异地备份、介质备份等措施，对于开放的档案数据提高防篡改的能力，对当前业务流程中正在处理的数据加强真实性、完整性和有效性的控制。

总之，在数字化档案信息的综合管理过程中，我们需要采用这种多维的分层管理与控制体系，建立保护全网安全的防护体系，加强内部管理，提高安全意识，采取各种措施和手段加强防范，增强攻击者被检测到的风险，降低攻击者的成功率，从而在网络安全、系统安全、应用安全的基础上保障数字化档案信息的安全。

第六章 信息时代的档案馆发展

本章主要从认识数字档案馆与智慧档案馆，数字档案馆的组织、建设与应用，智慧档案馆的价值、特征与发展三个方面对信息时代的档案馆发展进行了阐述。

第一节 认识数字档案馆与智慧档案馆

一、认识数字档案馆

随着网络信息技术水平的不断提高，处理数字信息的手段与方法也变得更加现代化，具体涉及形成数字信息、传播数字信息以及管理数字信息等多个方面。[1]

如今，随着网络信息技术水平的提高，社会各界各行业的信息化水平都得到了快速的发展，这使得数字信息大量出现，并且占据了巨大的网络储存空间，而且数字信息所需的储存空间会随着数字信息的增多而继续增长。在这些数字化信息中，有许多具有利用价值和参考价值的信息，记录了社会中真实的实践活动等都会被转化为档案，永久地储存在档案馆中。如果能够很好地利用信息技术手段，开发档案馆藏资源，以及提高档案检索的效率和档案服务质量，这一要求推动了档案馆藏数字化工作的开展。

传统的档案管理方法已经不适合当今时代的发展要求，也无法满足现代档案管理需求，因此需要将这些不仅落后且不科学的管理方法替换。新的管理思路和方法不仅要能够满足现代档案管理工作的需求，还要能够满足时代的需求。可以说，随着时代的发展，开创新的管理方法，成为档案管理工作者面临的重大机遇。

在21世纪，档案事业最基础也是最重要的工作就是利用现代高科技手段将

---

[1] 宋莹. 企业数字档案馆（室）建设理论与实践[J]. 机电兵船档案，2021（1）：64-66.

信息社会的发展历程记录下来，因此数字记忆工程活动应运而生，即建设数字档案馆。建设数字档案馆，能够有效地将利用现代高科技手段记录的信息社会的发展历程积累、保存、管理和控制起来。由此可见，数字档案馆建设是一项十分重要的工作。

在建设数字档案馆时，要注意不要浪费资金，同时为了取得良好的社会效益，需要对数字档案馆进行准确定位，并处理好传统档案馆与数字档案馆之间的关系，使两者能够进行良好的互动。

（一）数字档案馆的功能定位

档案馆属于文化事业机构，其提供的服务是面向社会的，主要工作是收集和整理档案、接收和保管档案以及提供档案，使档案能够得到利用。根据档案馆的主要工作能够分析出档案馆具有以下几个主要功能。

第一个功能是对国家档案资源的积累与整合。档案馆藏资源是社会的财富，可以通过收集与整理等一系列的工作得到丰富。

第二个功能是对各类档案的集中管理和维护。该功能主要是将每个分管范围内的档案统一集中到档案馆中，随后按照科学的管理方法对其进行集中管理与维护。

第三个功能是对档案进行永久保存。档案在进入档案馆后，就会得到永久的保存和管理，不仅其真实性与完整性都会得到保障，而且其中的信息也可以得到有效的利用。

第四个功能是提供信息服务。信息服务的对象是所有具备利用档案信息资格的人，信息服务的目的为他们进行研究提供帮助。

第五个功能是展示档案、传承文化。展示档案时主要展示的是档案经过编研后的成果；传承文化主要是通过档案信息的传播，开展一系列有益的教育活动，为社会提供多元化的服务。

《中华人民共和国档案法》并没有对数字档案馆的性质和功能做出明确的规定，只有对于传统档案馆的定义与定位。数字档案馆的性质和功能同传统档案馆应该是相同的。但是，数字档案馆接收和保存的是数字档案，而传统档案馆接收和保存的是纸质档案，这一点是数字档案馆和传统档案馆最大的不同之处。除了接收和保存，数字档案馆管理的是数字档案，也就是说只有通过网络和数字化载体的形式，才能够完成对数字档案的鉴定工作、接收工作以及存储工作。

通过研究数字档案管理的特性以及网络服务的特性，从档案馆的基本功能出发，可以分析出数字档案馆的功能定位。

第一，数字档案馆是在人们的社会实践活动中形成的，是信息社会的一种历史见证，因此数字档案馆也可以被看作是信息社会的记忆馆。

第二，数字档案馆主要是为了保存和管理数字档案资源，它对数字档案的保管安全集中且长期持久，是最适合数字档案的保管场所。

第三，数字档案资源包含了社会各领域的信息，并且其保存类型多种多样。但是，在被纳入数字档案馆进行保存的时候，这些资源会被统一成相同的标准，对其的访问机制也是统一且规范的。

第四，数字档案馆能够通过网络为有需要的人提供各种服务，包括对档案的收集、整理、统计和打印等。可见，数字档案馆作为一类服务平台，其提供的档案业务具有集成化的性质。

第五，数字档案馆是一种信息门户网站，无论是国家、政府机构还是个人都能够通过数字档案馆对档案进行查询和利用。

第六，我国的各类研究人员都可以通过数字档案馆获得数字档案服务，并根据所得到的数字档案信息资源进行不同方面的研究。最终的研究成果会同开放档案一起向社会展示。

第七，数字档案馆作为一种组织或联合体，具有保证各方面资源持续运行和动态扩展的功能。这一功能主要面向的对象有各类业务平台、各种标准规范以及信息技术等。同时，这一功能还能够保证数字档案的真实性和安全性。

（二）数字档案馆的目标定位

建设数字档案馆是为了运用现代化的手段和方法对数字档案进行统一集中的管理，并通过运用科学的标准和规范对数字档案进行永久的保存，为档案管理工作者管理档案、利用档案等工作提供便利。

建设数字档案馆的远景目标是固定的，无论是从国家档案资源全局还是从区域内部资源共享等方面进行研究分析，得出的结论都是一样的。

第一，为了保证数字档案馆中的档案资源可以交换或共享，需要在数字档案馆的规范体系方面做到标准统一。同数字档案相关的各类标准以及规章制度，包括对数字档案的整理、对数字档案的利用等方面，都需要经过不断地制定与完善，才能够保证数字档案能够得到规范管理，并在数字档案馆中得到永久的保存，实现数字档案的集中控制。

第二，数字档案是以各类电子文件的形式保存在数字档案馆中的，为了保证保存过程不会破坏数字档案的原始状态，需要研究保存技术，避免数字档案遭到破坏。

第三，在建设数字档案馆时，需要注意保证数字档案可以在数字档案馆中进行转换和迁移。这是因为当数字档案馆接收新的档案时，需要对档案的数据进行转换和迁移，其主要目的是方便对同类档案进行统一的保管活动。

第四，保证信息系统能够正常运行，并做好信息系统的维护工作。信息系统是指服务平台系统，其作用是辅助数字档案资源的积累、管理和利用。这个系统的特点在于它是一致的、通用的、可持续发展的。

第五，在对电子文件进行处理时，要做好它的前端控制工作。前端控制工作中涉及的一系列相关政策及技术指南，都必须要符合档案管理的要求，其主要目的是保证电子文件的产生工作、电子文件的积累工作以及电子文件的整理工作，都能够有效地进行。

第六，要保证档案信息利用的高效性。储存在数字档案馆中的数字档案资源，在被人们利用的时候，要能够保证人们可以不受时间及空间的限制，通过最有效的办法利用这些档案信息。

第七，在任何一个环节，档案数据的安全都应受到保护。具体来讲，保障其安全性的环节包括在接受档案资源的过程中，在储存档案资源的过程中，以及在利用档案的过程中；保障其安全性的方法有使用安全的策略以及安全的技术方法；保障其安全性的原因是为了保证档案不会被修改和损坏，不会被病毒感染，也不会被随意地偷走利用，使人们在利用这些档案的时候能够遵守使用的原则，有效地利用这些档案。

第八，数字档案馆和传统档案馆之间不应该相互对立，而应该互补，同时还能够进行合理的互动。数字档案馆的建立者实际上是传统档案馆的工作人员，这些工作人员主要是对数字档案馆中电子文件实行管理工作,并且将传统档案馆中的一些档案进行数字化加工,形成数字档案资源后再放在数字档案馆中进行存储和管理。

第九,数字档案馆需要拥有最新的技术能力。这一技术能力指的是信息技术,主要作用是有效地处理数字档案资源,包括对其的保存、管理,以及能够让人们有效利用这些档案资源等。

第十,数字档案馆需要得到社会各界的支持。数字档案馆不仅能够储存和提供档案资源,还需要满足人们对于资源的需求,以及对于档案馆的要求,在满足了用户需求之后,数字档案馆才会得到社会各界支持。在此基础上,还要关注用户的反馈,并根据这些反馈内容不断地完善数字档案馆,这样其才能够越走越远。

建设数字档案馆是一个漫长的过程,对于数字档案馆的建设规划也是十分复杂的,因此要想建设数字档案馆是不容易的。另外,建设数字档案馆不能只依靠专业的工作人员,还要符合国家档案资源统筹管理的各项要求,包括数字档案资源的存储格式等,并且要得到社会各界的支持,包括技术的提供,以及业务上的支持等。

(三)数字档案馆的基本特征

分析数字档案馆的基本特征,可以从数字档案馆的定位出发,并得出以下结论。

第一,无论数字档案信息是从哪个应用系统中形成的,数字档案馆都具有将这些信息纳入其中的能力;第二,因为这些数字档案信息生成于不同的应用系统,所以这些数字档案信息的类型也是多种多样的,但无论是哪一种类型,数字档案馆都具有对这些档案信息进行保存和管理的能力;第三,数字档案馆在提供数字档案信息的利用服务时,不会受到计算平台的限制,能够在不同的平台之间实现档案信息的共享,也不会受到应用媒体类型的限制,可以在不同的数字媒体上展示数字档案信息;第四,凡是符合利用数字档案信息的个人或组织,都可以在合法的权限内对数字档案信息进行利用、发掘;第五,数字档案馆为档案管理工作者提供服务,其主要服务的工作内容是现代档案管理工作。

二、认识智慧档案馆

（一）"智慧"的解读

对于"智慧"一词的解释有很多种，上海辞书出版社所出版的《辞海》将"智慧"解释为"对事物能认识、辨析、判断处理和发明创造的能力"。[①]《现代汉语词典》同样也是将"智慧"解释为一种能力："辨析判断、发明创造能力。"在由杨冰之和郑爱军出版的《智慧城市发展手册》中，他们对"智慧"的"智"和"慧"分别进行了论述，认为两者指代是一种能力，但是"智"是指对事物的感知能力，是理性思维，即人们的智商，这种能力是在对理论知识进行把握的基础上形成的；而"慧"是指对事物的判断能力以及创新能力，是感性思维，即人们的情商，这种能力是对实践经验进行把握的基础上形成的。[②]

档案馆是由四个部分组成的，包括"物"，即档案实体或计算机系统等；包括"人"，即档案馆的各工作人员；还包括各类型的"档案信息"以及档案馆中的各类组织。在人们传统的思想观念中，"智慧"是人类所独有的，因此档案馆也被认为具有"智慧"的特征。

在智慧城市中，有两种不同的驱动力正在悄然形成，并且逐渐成为智慧城市的核心。这两种驱动力分别为技术牵引力和协同创造力，前者是在科技创新的层面所探讨的，主要的技术是各类新型信息与通信技术，包括物联网、云计算等；后者是在社会创新的层面所探讨的，主要用于对城市环境的创新，而且这种创新不仅要符合当前的知识社会环境背景，还要做到开放性发展。

根据以上内容，我们对智慧档案馆也有了大致的了解，即智慧档案馆中的"智"也是指代一种能力，这种能力是能够让档案馆中的"人"在运用新的信息技术时，对档案馆中的"物"进行处理的能力，并以信息技术为基础，以档案馆中的"档案信息"为中心，建立起一个全面档案管理信息系统；而智慧档案馆中的"慧"则是让档案馆中的"人"能够以更加开放的心态，在推动档案事业发展的基础上，通过运用相关技术，将档案馆的管理工作变得更为智能化和自动化，并准确地预测档案管理工作的风险，进行有效的控制，从而根据以往的工作经验，

[①] 辞海[M]. 上海：上海辞书出版社，2020.
[②] 杨冰之，郑爱军. 智慧城市发展手册[M]. 北京：机械工业出版社，2012.

在符合社会发展需要的前提下，做出更多的创新活动，并将数字档案馆所提供的服务通过创新变得更为多元。

在建立智慧档案馆的时候要注意将"智"和"慧"相结合，从而使档案馆中的各个部分在运转过程中更"聪明"、更"灵敏"，借此探索智慧城市的发展规律，并通过感知来记录新型社会及智慧城市的发展；同时，这种智慧档案馆能够满足社会多元化发展的各项需求，并及时为其提供更为适合的信息服务。

（二）智慧档案馆的概念

智慧档案馆是采用物联网、云计算等新技术智能管理多元化档案资源，具有感知与处理档案信息能力，并提供档案信息泛在服务的档案馆模式。

智慧档案馆的管理对象为多元化的档案资源。多元化的档案资源包括馆藏传统档案和新型档案的内容信息与载体信息，如原生的电子档案、档案数字化成果、档案目录数据库、档案载体信息库等；包括档案馆采取各类技术手段管理档案资源的档案管理信息，如档案馆楼宇智慧管理信息等。

（三）智慧档案馆的特点

1. 沟通感知智慧化

物联网是智慧型档案馆的技术基础，互联则是其核心要素。利用物联网实现内部及外部信息的交换，构成了一个基于物联网的智慧通信系统。通过物联网，可以实现档案工作人员与档案、档案与用户、档案与馆舍、档案与设备、工作人员与用户、用户与用户，无所不在、无时不在地沟通与感知，从而实现用户、档案、设备等之间快速、便捷、无障碍的对接。总之，利用物联网技术可以实现更大范围的信息资源共享，实现用户最大范围的信息获取。

2. 资源管理智能化

资源是档案馆的生命，档案资源不仅包括纸质文档，还包括数据库、多媒体等格式的电子文件。以数字资源为基础的智慧档案馆可以对所有的档案资源进行智能化控制、组织和管理，并对档案信息资源进行共享和发布，同时在后台建立起跨系统的应用集成，以此实现跨部门的信息共享、跨库网的互通和跨馆际的服务与管理。

3. 建筑设施智慧化

环保、安全、绿色、智能等要素构成智慧型档案馆馆舍的发展目标。因此，要对档案馆内部的各种设备实行智慧化管理，构成智慧化系统；对阅览设备、视听设备、视频会议等进行动态调度分配；对消防系统、温湿度控制、照明各方面自动调节。有了数字化、网络化、智能化的基础设施，无论是物理空间还是网络空间，都会为用户带来不一样的便捷体验。

4. 服务创新智慧化

以人为本，高效服务是智慧型档案馆的灵魂。通过物联网进行信息交换和资源共享，可以构建一个具有分析事物、处理事务、管理和决策能力的智慧服务系统。在泛在的感知与互联前提下，无论是传统纸质文件还是数字信息，无论是检索还是编研成品，无论是文字还是多媒体，无论是传统的查借阅、信息咨询还是用户业务分析，都可以通过手机、互联网及社交网络等信息手段，开展不受时空限制的检索、咨询、信息获取等服务。

（四）智慧档案馆的内涵

1. 智慧档案馆是智慧城市的重要组成部分

智慧档案馆的作用同传统档案馆和数字档案馆的作用相同，都是记录社会中各项活动的历史，但是智慧档案馆所记录的是在智慧城市背景下所形成的历史，以此来传承文化、服务民众。可以说，智慧档案馆是智慧城市最重要的组成部分。

智慧实际上是人类所独有的一大特征，而一座城市之所以被称为智慧城市，主要是因为各项新型信息技术能够将人类的智慧融入城市，使城市中的各类机构组织具有智慧的属性。

在建设智慧城市的过程中，人们发现智慧城市具有动态性和可持续性的特征，并且在智慧城市发展的过程中，这种特征依旧存在。智慧档案馆在智慧城市中承担的社会职能就是将智慧城市的发展历程记录并保存下来，满足智慧城市生态环境背景下人们对档案的需求。这就需要通过新技术对传统档案馆中的人、物以及信息系统进行升级，使其参与智慧城市的发展。

2. 智慧档案馆是档案馆发展的高级形态

传统档案馆的管理是以实体档案为主，运用相关的网络基础设施，将档案资源分为各个层级。智慧档案馆不再沿用此管理模式，即它不再以实体档案馆为主，而是跨越不同的实体档案馆，与不同区域的实体档案馆协同发展；对于档案资源也不再分层级，而是进行统一管理。除此之外，智慧档案馆会随着智慧城市生态环境的不断变化而进行各方面的调整。

作为档案馆未来的发展方向，智慧档案馆的发展理念是在数字档案馆的基础上进行更新和确立的，因此智慧档案馆的内涵与数字档案馆相比更为全面。

第一，要想将智慧档案馆变得更为智慧，就要在档案馆中充分利用各类信息技术，包括互联网、云计算等技术；同时也不能忽略智慧档案馆的主体，即档案管理工作人员，他们是将智慧档案馆变得更为智慧的关键因素。此外，要想将智慧档案馆变得更为智慧，还要在智慧档案馆中加入智能感知设备。

第二，为社会各界及人民服务，是智慧档案馆运行的本质。智慧档案馆主要是通过各项信息技术，将档案馆中的"人"变得更为智慧，将档案馆中的"物"变得更为智能，再将两者充分结合，以此来服务社会和人民，使档案资源得到有效的利用。这是智慧档案馆的核心所在。

第三，对于智慧档案馆的最终目标，可以分三个方面进行论述。首先，建设智慧档案馆是为了使各类数字档案得到充分地利用，使档案管理工作变得更智能。其次，建设智慧档案馆是为了使数字档案资源服务于社会各界、政府组织和人民群众。收录进智慧档案馆的数字档案越多样，智慧档案馆所提供的服务就越专业、系统、个性化。最后，智慧档案馆的生态系统是一种全新的体系，它不仅具有完善的行为意识，还具有调控能力，能够实现自我学习、自我成长和自我创新，并根据社会时代的发展而发展。

（五）智慧档案馆的构成要素及其特征

在智慧档案馆中，档案管理工作需要采用更多、更先进的信息技术。这些信息技术能够为档案管理工作提供更多的专业知识，并维持智慧档案馆的正常运行，完善智慧档案馆所提供的服务等。除了技术方面，智慧档案馆自身所具有的各个要素也需要做到相互协作，以凸显智慧档案馆的"智慧"特征。

构成智慧档案馆的第一个要素是智慧档案馆的工作人员，他们在整个智慧档案馆中扮演着关键角色，智慧档案馆中的"慧"就是由这些工作人员体现出来的。智慧档案馆的工作人员不仅需要对智慧档案馆的工作流程十分熟悉，还需要懂得将新的信息技术运用到工作中，这也是对他们的基本工作要求。

在智慧档案馆中，每一项工作都需要专业人员进行操作处理，这就要求工作人员要有较强的业务能力，要有高素质、高责任感，还要具有创新能力。这些要求有利于提高档案管理工作的效率和水平，也为档案专业人才培养提供了更加明确的目标。

智慧档案馆同数字档案馆和传统档案馆的不同之处在于，智慧档案馆的每一项工作都有专门的专业人员负责，而不是一个专业人员需要负责多项工作事务。例如，负责分析档案信息需求的工作人员，只需要研究如何将档案更好地提供给社会，并以此为工作目标探寻档案中所蕴含的各种价值，判断其是否符合用户的特点，能否满足社会各界的需求等，保证档案馆所提供的服务能够以人为本；再如，专门负责开发应用系统的工作人员，只需要时刻注意是否有更为先进和适合的信息技术出现，如何将信息技术运用在档案管理工作中，如何利用现有的信息技术推动智慧档案馆向正确的发展方向前进，并对档案管理工作进行创新。

智慧档案馆的第二个构成要素是档案资料，这也是整个智慧档案馆的核心内容。档案资料具有一定的价值，包括利用价值、储藏价值等。档案资料最初是社会中具有价值的信息，在经过数字化的加工后才成为收藏在智慧档案馆中的档案资料，最后为社会各界所利用。

在传统档案馆中，被保存起来的档案资源受到地域的限制，无法同其他实体档案资源互相辅助；而智慧档案馆改变了这一状态，它让各个档案资源不再受到地域的约束，能将零散的档案资源统一起来。这能够让档案在被利用的时候充分发挥自身的价值，让智慧档案馆的运行保持最佳状态。

智慧档案馆的第三个构成要素是基础设施，这也是整个智慧档案馆的基础设施。为了凸显智慧档案馆中的"智慧"二字，就要将智慧档案馆中的基础设施变得更为智能。将档案库房变得更为智能，是为了让档案资源得到更安全地保管，让档案管理工作人员能更有效地开展档案管理工作；将楼宇变得更为智能，是为了保证实体档案能拥有优质的生态环境，让楼宇能根据环境的变化自动调节安保条件、储存条件等，甚至可以通过自动感应系统，让实体档案时刻都处于被监控的状态下，使实体档案更加安全。为了保证这样的智能化管理得以正常运行，就不能忽视对设备的完善和维护。

需要注意的是，在完善智能档案馆的基础设置，保证档案资源安全的同时，也不能忽视智能档案馆提供档案利用的服务。

构成智慧档案馆的第四个要素是档案管理信息系统，这个系统是整个智慧档案馆的技术系统，主要负责辅助工作人员确保档案管理工作的各个环节都能够顺利进行。因此，档案管理信息系统所包含的内容应该是全面的，其系统的应用也应该是有效的，最终的目的是要使档案管理工作的水平能够有所提升。

传统档案馆在管理档案时，通常是按照正常的工作流程进行线性管理，而档案管理信息系统能够将这种线性管理转变为整体管理，让工作中的每一个环节都能够顺利地连接起来。档案管理信息系统主要是由网络服务架构体系搭建而成的，无论是对电子档案还是实体档案，这种系统都能够保证它们的安全。

构成智慧档案馆的第五个要素是档案用户，这一要素同智慧档案馆的作用紧密相关。档案馆的档案就是为了让人们利用和研究，档案馆存在的目的也是在收录和保存这些档案的基础上，为社会各界提供档案利用的服务，于是就出现了"档案用户"。智慧档案馆会根据用户的需要，为其提供便利的搜索和利用服务，同时提供与用户搜索内容相关的、用户可能会用到的其他档案信息。

为了更好地服务用户，档案馆需要优化服务，让用户体验到更加主动的服务，服务模式是可供选择的，服务内容是丰富多样的。总而言之，从前的服务是传统的、单项的、被动的，而智慧档案馆所提供的服务应该是创新的、多项的、全面的、专业的。

构成智慧档案馆的第六个要素是档案业务活动，主要指的是管理运作环境。由于在档案馆中使用的是更为先进的信息技术，智慧档案馆中的档案管理工作变得更为智能。为了使档案管理工作更顺利，档案利用更便利，档案管理更容易，就要将档案管理的运作环境变得更为人性化。在人性化的运作环境下，工作人员的工作效率和工作水平都能够得到提高，档案管理的工作会更加顺利，档案利用的服务将更加以人为本，从而打造一个智慧档案馆的生态系统。在这个档案系统中，智慧档案馆的核心依旧是各项档案资源，智慧档案馆的主要作用也依旧是要提供利用档案的服务。

通过对上面内容的分析，我们可以构建出智慧档案馆的基础体系结构，如图6-1所示。

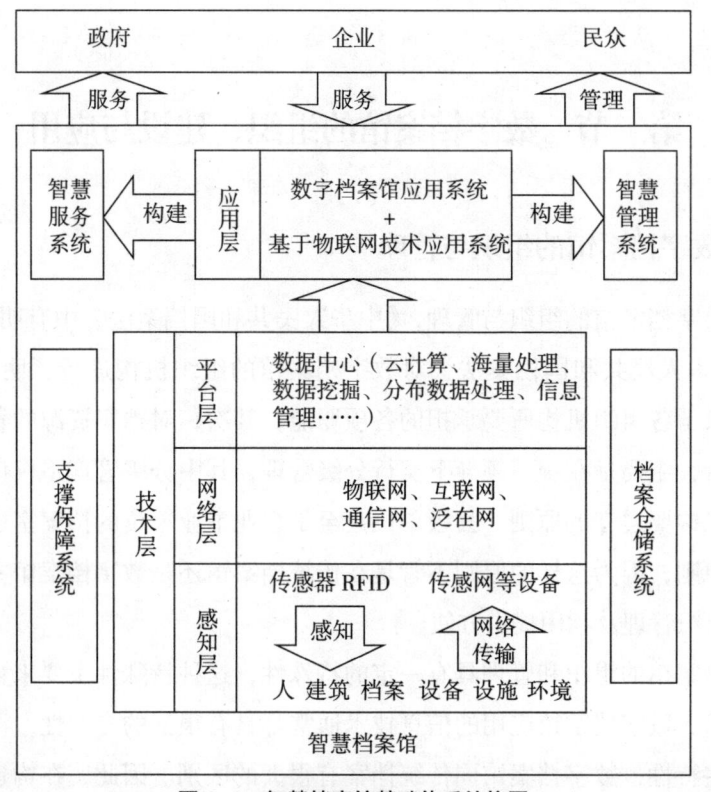

图 6-1　智慧档案馆基础体系结构图

　　构建智慧档案馆的主要目的是打造出一个能够满足社会以及人们各种需求的档案馆，在这个档案馆中进行档案管理工作的工作人员们都是具有智慧的，档案馆收藏的档案也都是承载着智慧的。可以说，智慧档案馆就是这样产生的。我们可以认为智慧档案馆是数字档案馆在经过了发展之后所形成的一种新形态，是构成智慧城市的一项重要组成部分；而智慧档案馆中的智慧，指的是在智慧城市背景下，在传统档案馆和数字档案馆中运用更加先进的技术进行管理和运作。

第二节 数字档案馆的组织、建设与应用

一、数字档案馆的组织与管理

关于数字档案馆的组织与管理,《中华人民共和国档案法》中有明确的表述。首先,《中华人民共和国档案法》对数字档案馆的组织机构进行了明确的规定,同时还要求了各组织机构所要承担的各项职能;其次,对档案资源的管理原则也做出了表示,主要是在统一领导下实行分级管理,其中分级管理不仅仅是一些重要的组织机构要遵守的原则,县级单位甚至是企业事业单位的档案室也要遵循这样的管理原则,因为这样的原则不管是在传统档案馆还是数字档案馆中,都能够为档案的组织管理及利用提供方便。

数字档案馆的组织和管理具有一定的特殊性,这种特殊性主要来自它所应用的信息技术。数字档案馆应用的信息技术通常都具有很强的专业性,再加上网络本身的一些特性,数字档案馆同传统档案有很大的区别。因此,在构建数字档案馆的时候,不应该按照传统档案馆的组织与管理进行规划,而是要先对这些内容进行研究分析,探寻它们和传统档案馆之间的关系,再对比着这些关系,进行数字档案馆的建设活动。[1]

(一)数字档案馆的组织体系

数字档案馆建设会对国家的信息资源战略产生影响,从而影响国家档案事业的发展。因此,对数字档案馆做规划和部署时,要考虑到国家的档案行政管理。

在组建数字档案馆时,不能按照传统档案馆的组织管理进行规划,其主要原因有两个。第一,在数字档案馆中,档案资源都是经过数字化加工后进行存储、管理和利用的,而能够维护数字档案馆正常运行的因素是网络。由于网络将各类应用软件相互连接共用,同时网络还具备充足的储存空间,这就使得档案馆中的数字档案信息能实现跨区域共享,从而可以将各区域的信息收集在一起进行存储。

---

[1] 张翀. 基于 ESB-SOA 模式的高校数字档案馆管理系统的设计 [J]. 电子设计工程, 2021, 29(2): 43-47.

第二，数字档案馆的主要工作就是将数字档案资源进行保存、管理和利用，而在网络技术的支持下，档案管理工作能够稳定运行，数字档案馆中的信息也可以在此基础上得到共享运用。这两个方面可以说是区分二者的决定性因素。

数字档案馆不再沿用传统档案馆中分级建立机构的档案行政管理模式，而是通过信息技术的优势，在国家各地区各级政府（省级、市级和县级等各级）进行扁平化管理，使数字档案馆在提供利用档案信息服务时，不仅能够优化服务，而且能提高利用效率。

在建立数字档案馆的行政管理机构时，要能够满足现代档案管理的需求，同时还要考虑到组成数字档案馆的各分支机构在进行档案管理工作时要遵循的规章制度。此外，还要根据规范体系等各个方面，进行全面的规划和部署。通常对这一切进行全面部署的工作是由国家档案行政管理部门所负责的。

我国建设数字档案馆的工作还没有完成，依旧处于从传统档案馆向数字档案馆转变的过程当中。但是，即使对建设工作仍处于研究阶段，也要考虑到两个方面的内容：一方面是能够依照着国家的档案信息资源进行总体的战略部署，并时刻遵照国家档案局所颁布的最新规章制度进行；另一方面是要按照社会实际情况以及档案信息资源的各项特点来进行。

总的来讲，在建设数字档案馆时，要遵循的原则就是：能够坚持科学发展观，坚持以人为本，坚持为人民服务，使最终设立的数字档案馆不仅方便工作人员进行档案管理工作，还可以为社会各界提供便利的档案利用服务。

在数字档案馆中，组织体系的存在主要是为了保证数字档案资源能够得到有效的利用，以及安全地保存，让社会各界在利用档案资源时能更加方便，同时维持档案管理工作各环节之间的平衡。因此，在设计数字档案馆的组织体系时，要考虑到以下几点：一是数字档案馆的组织体系要遵循传统档案馆的区域性原则，以及划分档案类型的原则；二是在设立组织体系时要考虑到和传统档案馆之间的关系，考虑到二者之间的交流联系；三是要保证档案馆中档案资料的来源及其历史性。

在建立各个省市的各个机构内的档案室时，要考虑的因素要更广泛一些，包括要结合所在机构的实际状况，对所在机构人力、物力、财力方面进行考量，对用户需求以及档案资源的基本信息等进行考虑。需要注意的是，在结合这些考虑对组织机构进行设立时，还要遵照国家档案局所颁布的最新规章制度。

（二）数字档案馆的组建方式

在建设数字档案馆时，要考虑它的功能和目标，通过这些功能和目标，对数字档案馆产生更加深刻的了解，从而对其建设有一个预期的设想；通过对数字档案馆组建方式的研究，让数字档案馆中的各组织有效地运行，从而推动数字档案馆稳定地运行。

在建设数字档案馆时，要注意对档案的保管工作和利用服务，这些工作环节都是受到数字档案馆组织机构影响的。例如，数字档案馆中的标准体系决定了能否对档案进行统一管理，数字档案馆中的技术支撑体系决定了能否完成永久保存档案的任务，而这些工作环节最终决定了档案信息资源能否得到有效的利用。

建设数字档案馆是一项能够影响国家档案事业发展的事务，这项事务的领导体系是国家档案局。在建设时，要遵循的原则是共建共享；要创立的规范内容是有关于档案管理工作的收集、保存、管理以及利用等；要遵循的技术标准是同数据管理相关的各项内容；要创立的基础体系结构是能够维护数字档案馆的正常运行，以及确保收集到的各类样式的资源能以统一的格式被纳入数字档案馆。

我国建设数字档案馆有两种模式可以利用：一种是单一型模式，这种模式的数字档案馆通常都是由某一个档案馆自己运行，包括在本馆馆藏的基础上对档案资源进行数字化加工等一系列的档案管理工作环节，并通过门户网站提供档案利用的服务体系；另一种是区域型模式，这种模式的数字档案馆通常都是由一个区域内的档案馆共同运行的，对于这个区域也没有完全绝对的规定，可以是在一个市内，也可以是在一个区内，并且这些档案馆的工作中心依旧是档案管理工作，只不过是在原先管理工作的基础上，将信息技术融入各个环节，完成档案资源信息化的转变，再将纸质档案进行整理规划进档案室中，将电子档案整理规划进数字档案馆中，最终在一个区域内，对数字档案信息进行集中处理。

（三）数字档案馆的运行机制

在数字档案馆中，存在不同级别的档案行政管理部门以及不同类别的档案馆，它们之间是一种相互联系又相互制约的关系，并在这种关系下，形成了数字档案馆主要的运行机制。同传统档案馆相比，数字档案馆的建设方法、运行机制以及发展道路都有很大不同。在数字档案馆中，使用更多的是更加先进的信息技术，配备的是系统操作技术更加专业的人才，并且这些人才具备高素质，无论是在工作心态，还是在工作业务方面，都能够表现得十分出色；对于建设资金的要求更是一种高水准，并且档案馆在发展过程中，有了更多制度上的保障，这些制度都是在国家档案事业发展过程中形成的，更加符合当今时代对数字档案馆的要求。

在数字档案馆中，对工作人员最基本的要求就是熟悉档案管理工作流程，具备相关专业技术。另外，在数字档案馆中是要运用到技术系统的，无论是建设的开始阶段，还是在档案管理以及保障运行的过程中，都是需要相关专业技术的，没有专业技术的人才是不能完成数字档案馆的工作任务的。为此，我国需要培养和引进专业的档案管理工作者。

建设数字档案馆无论是从档案行政监管的垂直管理角度来看，还是从国家信息资源建设的角度分析，都是有利于国家和社会的，它在统一化保管数字档案的基础上，还能够提供更加专业的档案信息利用服务，是一项专业化的服务机构。

IT集约化服务型数字档案馆作为一种特殊的数字档案馆，是将与信息技术相关的软硬件基础设施的架构、应用软件的研发、信息系统的实施、数字档案馆的运行维护、滚动发展以及IT资源管理等技术性服务工作从传统档案馆中剥离出来，建立以精通信息技术、跟踪档案业务及信息技术为基础的，能够将档案工作与信息技术融会贯通使用的档案工作者团队，开展面向档案工作的IT集约化服务。这样一来，档案工作者就能够集中精力钻研档案业务，开展档案的精细化管理，投入更多的精力用于档案信息资源的开发，为社会提供更高效、更优质的服务。数字化档案信息的安全保障、永久保存、集成共享、传递处理、网络访问、完整有效等众多技术难题则集中于数字化档案馆的运行与管理过程中，即便这样也比让每个档案馆设立计算机处（室）来开展软硬件平台的购买、安装和维护，做数据备份、数据迁移、异地保存等措施要安全和可靠。

IT集约化服务型数字档案馆所要提供的服务，是同IT资源相关的各项服务，包括数字档案馆的网络平台以及各项技术等，还包括对IT各方面所进行的维护工作。这些IT资源在档案馆中同样是被集中管理，并且被提供给用户利用。

（四）数字档案馆的工作机理

数字档案馆的建设需要适应当前社会的发展。当前社会是资源节约型和社会友好型社会，各个方面都在快速发展，各类档案信息资源也都能够被广泛地利用起来。数字档案馆的建设要满足以下几个方面的要求。

第一，关于机构重组的要求，传统档案馆的组织机构已经不再适用于数字档案馆，因此随着数字档案馆的建成，也应该为其设立一项专门的组织机构。

第二，关于人才的要求，数字档案馆在档案管理工作中会更多地使用信息技术，因此使用到的人才是技术型人才，而传统档案馆在技术方面的运用相对来讲更少一些，因此使用到的人才是业务型人才。

第三，关于职能分割的要求，数字档案馆保管的是经过数字化加工后的数字化档案信息资源，而传统档案馆保管的是一些实物档案，最常见的档案类型是纸质档案。

第四，关于互动互进上的要求，这里的互动互进指的是传统档案馆与数字档案馆之间要互相协助与促进。数字档案馆可以为传统档案馆提供更加先进的信息技术，以辅助传统档案馆开展档案管理工作；同样的，传统档案馆可以为数字档案馆提供更加熟练的服务，保证数字档案馆中的信息能够得到有效利用。虽然两者所保管的档案类型一个为纸质版，一个为数字化，但是二者都是在记录这个社会的发展历史，因此两种档案馆是可以共同发展、互相帮助、互相促进的。

（五）数字档案馆的机构部署

鉴于数字档案馆与传统档案馆存在不同之处，两者在业务部门的部署上也该有所区别。档案馆中的一些基础业务部门是两种档案馆中都需要有的公共部门，如档案行政部门以及档案财务部门等，而设立其他同工作流程相关的部门，则需要根据IT服务中具体的工作内容以及信息化建设和发展的具体特点来确立。下面将具体介绍数字档案馆中的几个业务部门。

第一，在数字档案馆中需要设立发展规划部，其具体负责的工作内容是进行档案馆的发展战略规划，以保证档案馆能够得到长期发展。

第二，在数字档案馆中需要设立标准规范部，其具体负责的工作内容是规范工作标准，并设立相关的标准体系和制度等。

第三，在数字档案馆中需要设立平台建设部，其具体负责的工作内容是对档案馆中需要应用到的平台做出相应的规划或其他相关工作。

第四，在数字档案馆中需要设立系统研发部，其具体负责的工作内容是对档案馆中需要应用到的软件系统进行研发和测试等工作。

第五，在数字档案馆中需要设立系统实施部，其具体负责的工作内容是保证各项业务系统都能够得到顺利运行，同时完成对数据的整合工作。

第六，在数字档案中需要设立运营服务部，其具体负责的工作内容是为档案管理工作中需要运用到的信息技术，提供技术支持以及技术维护，从而保证档案馆运营工作的顺利展开。

第七，在数字档案馆中需要设立质量管理部，其具体负责的工作内容是对档案管理工作中各个工作环节进行质量检查，从而保证档案馆中的工作质量。

第八，在数字档案馆中还需要一些其他的部门，即公共服务部门。这些部门在数字档案馆中的工作内容和在传统档案馆中的工作内容是极其相似的。

（六）数字档案馆的建设特点

数字档案馆具有六个建设特点，下面将一一对其进行介绍。

1. 节约型

无论是从国家资源档案管理的角度进行分析，还是从地区档案资源管理的角度来看，数字档案馆在建设的过程中都进行了更为统筹的规划。这些规划使得建设数字档案馆时所要用到的人力、物力甚至是财力都得到了极大程度的节约，对于IT投资的利用效率也得到了提高。

2. 和谐型

数字档案馆的和谐之处在于它能够协调我国目前档案行业的内部信息化水平，并且为数字档案馆的发展提供保障。这种保障在不同的地区有不同的表现形式，如在偏远地区，或者是一些技术水平落后的地区，它提升了人们对档案信息的利用效率和利用水平；在信息化水平比较高的地区，它让档案管理工作的各个环节更加规范，促进了档案信息资源的共享。

3. 共享型

数字档案馆由于运用了 IT 技术提供服务，使得 IT 资源在很大程度上都得到了共享。其共享的方面包括网络信息技术、软件系统、技术平台以及其他方面的内容。

4. 便利型

数字档案馆是在传统档案馆的基础上，利用信息技术管理一些数字化档案资源。这些数字化档案资源不再需要各种传统档案馆自行筹备资金进行信息化建设，同时能够为社会中需要利用数字档案资源的人提供了便利的服务，人们只需要通过固定的门户网站即可完成对所需要档案的利用。

5. 发展型

发展型是指数字档案馆在社会发展的进程中，能够满足社会发展所产生的各种需求。作为一种服务型数字档案平台，数字档案馆需要不断地完善，提升自身的业务。

6. 集中型

数字档案馆的集中型体现在它能够对数字化档案资源进行集中管理，而不论这些资源来自哪个地区，这对档案资源的开发和利用来说是一种有力的保障。其进行集中管理的手段主要是运用 IT 技术，集中管理的方式是集约化模式。在这种模式下，可以解决档案管理工作中所需要的人力、物力以及财力问题，同时为数字档案馆的运行和发展提供了稳定的保障机制。

二、数字档案馆的建设

建设数字档案馆就像是在建设一栋大楼，大楼最重要的就是它的地基，只有地基稳了，大楼才能稳。以上所论述的内容就是数字档案馆的地基，因此，上述因素对于数字档案馆的建设来说是需要着重考虑的因素。

在建设数字档案馆时，首先要考虑建设条件、建设方法、运行保证以及工作人员等方面，在建设的过程中要时刻保证都是按照最初确立的建设要求和建设规划所进行的。为了达成建好数字档案馆的最终目标，对建设的多个方面都要进行考量和监测。

（一）建设理念方法与原则

建设数字档案馆的主要领导部门是国家档案局，在建设过程中要遵循的基本原则是做到IT资源共建共享，并且保证系统建设能得到社会各界的帮助。这是根据国家信息化发展战略规划以及信息资源开发战略所确立的。在建设过程中还要遵循行业、国家、国际等一系列的技术标准和规范准则，主要针对的是档案管理工作的各个环节，如对IT资源的利用和维护、对档案资源的利用和存储等。关于数字档案馆的运行体系结构，建成的体系要能够对数字化的档案资源进行存储和提供利用服务，并且能够保证其安全性和有效性。

1. 建设方法

一些发达国家已经建设成数字档案馆，并且其运行水平走在世界前列。这些发达国家通过这些数字档案馆，提升了自己国家档案信息资源的价值，再利用这些具有价值的信息资源，对一些已有的知识进行创新。

我国已经有一些省、市开始了数字档案馆的建设工作，但是由于各地区的实际情况不同，不同地区在建设数字档案馆时所做的基础工作也有所不同。例如，在深圳市，建设数字档案馆的基础工作是馆藏的数字化；在青岛市，建设数字档案馆的基础工作是对基础平台和数据库的建设；在天津市，建设数字档案馆的基础工作是对档案信息资源的保管等问题。

这些基础工作的成效对于数字档案馆的建设工作具有很大的促进作用，基础工作做得好，数字档案馆的建设才能有进一步的发展。在我国，这些基础工作已经有了显著的效果，但是从建设数字档案的总体规划上来看，还有许多内容需要进行深入的研究。例如，在建设数字档案馆的规范标准、保证数字档案馆有效运行的模式，以及如何实现同其他数字图书馆之间的互动交流等众多方面，都需要同社会各界一同寻找有效的实施办法。

国外的数字档案馆的建设工程，由于不同国家的建设重点、建设角度各有不同，其建设方式也是千差万别的。下面将从不同角度出发，对数字档案馆的建设方法进行研究和论述。

第一，从项目论证和系统规划的角度出发。数字档案馆的建设可分为两类：一类是自主建设型，另一类是供应商依赖型。前者是依靠档案馆自身就能够完成建设，而后者则完全相反，其必须要有提供可行性方案的系统集成商，才能完成建设工作。如果没有系统集成商,也可以选用一些信息化顾问专家,或者是一些专业的项目团队,通过利用 IT 项目的管理方式,对数字档案馆的建设提供相关的规划方案。

第二,从系统设计的角度出发。在建设数字档案馆时,因为基础工作内容不同,首要解决的设计内容也是不同的。例如,一些数字档案馆在基层业务上有较多的需求,其系统设计就会先根据目前的档案管理工作需要应用什么样的系统来进行设计;一些数字档案馆具有战略需求,则需要从整体的角度对系统设计进行全局的分析,设计出一款能够满足于长远发展,同时具有通用性的平台系统。

对于数字档案馆的建设,可以根据不同的划分标准,分为不同的类型。例如,按照系统开发的方式不同,可以将数字档案馆的建设分为四种模式,分别为自主开发、外包开发、联合开发以及整体引进;按照运行管理和维护的方式不同,可以将数字档案馆的建设分为多种不同的管理方式,包括自主管理方式、委托管理方式以及租赁服务管理方式等。

综上所述,无论是利用哪一种方法建设数字档案馆,都需要有最基础的搭建结构和规范的建设标准等。建设数字档案馆是为了满足档案管理工作的变化需求、对档案资源的利用需求等,因此这项建设工程不是凭空进行的,在一开始建设的时候,就要有正确的建设方法和能够根据需求灵活变换的体系架构,为建设数字档案馆提供必要的基础。

2. 建设原则

建设数字档案馆是要遵循一定的建设原则的,并且这种建设原则是在节约型和谐社会的规范下制定的。下面将对数字档案馆的建设原则进行论述。

第一,经济节约原则。该原则主要是为了在建设数字档案的过程中节约更多的人力、物力和财力,避免发生重复建设的现象而导致资源的浪费。因此,在建设数字档案馆的过程当中需要有统筹的规划,能够按照全国档案事业发展的道路进行建设。

第二,协调发展原则。由于我国各地区的档案信息化水平不同,在建设数字档案馆时针对不同的地区,要实行不同的建设模式。例如,在档案信息化水平比较落后的地区,所要采取的建设模式是拉动模式,主要是为了加快落后地区的发展速度;而在档案信息化水平较高的地区,所要采取的建设模式是推动模式,主要是为了推动建设符合标准，推动资源的共享。这就是在建设时所要遵循的协调发展原则。

第三，共享共建原则。在数字档案馆中，共享就是指共同享用数字档案馆所提供的各项 IT 服务，共建就是指共同建设数字档案馆。也就是说，参与建设数字档案馆的多方人力资源，要共同对建设工作进行策划，以提升数字档案馆的服务水平，同时也要共同承担建设过程中所面临的各项风险。

第四，服务导向原则。数字档案馆和以往的传统档案馆不同，在档案馆的建设及档案的管理过程中都要用到最新的技术，以及最新的建设理念和方法，因此传统档案馆的管理思想已经不再适用于现代的数字档案馆。数字档案馆建设要遵循服务导向原则，其最终的目的是要建立一个全新的服务平台，为社会各界提供各类的档案信息利用服务。

第五，以人为本原则。在建设和维护数字档案馆平台系统的过程中，需要为档案管理工作者提供便利，以提高他们的工作效率和工作质量。因此，无论是在对档案的管理工作中，还是对平台及系统的维护工作中，都要时刻遵守以人为本的建设原则。

第六，持续发展原则。遵循该原则最主要的目的是保证数字档案馆长远、稳定地运行。对于数字档案馆来说，要能够满足档案管理工作各个环节的需求，并且可以根据需求进行不断的完善和优化，并在此过程中运用最新的信息技术，以推动自身的发展。

（二）基础保证工作的建设开展

关于数字化档案馆基础性建设工作，人们的第一反应往往是要购买很多的设备以及开发一些软件等，但事实上这些工作同基础性建设工作无关，反而会导致在建设数字档案馆的过程当中，浪费大量的 IT 投资。因此，为了能够做好基础性建设工作，首先要做的就是要纠正人们关于这项工作的误区，避免 IT 投资被浪费。

无论开展哪一项工作，基础性建设工作都是最重要的一个环节，是保证工作能够顺利开展的重要保障。从网络技术方面来看，数字档案馆在建设的过程当中包含网络工程建设以及软件工程建设等许多技术类工作，因此数字档案馆的建设工作是一项极其复杂的技术工程；从档案管理工作方面来看，数字档案馆包含收集档案以及保管档案等基础性工作，因此数字档案馆的建设工作是一项极具综合性质的业务工程；从整体来看，在数字档案馆的建设过程当中，要将信息技术融入档案管理工作，因此数字档案馆的建设工作是一项协同性工程。

1. 管理环境建设

为了使档案信息化，就要在传统档案管理工作的各个环节中融入信息技术，从而将这些档案管理工作变得更加程序化，而这些内容都不是仅仅在计算机上进行模拟就可以实现的。我们要真正地利用到信息技术的优势，使传统档案管理工作的各个环节得到优化，使档案管理工作人员的工作变得不那么复杂，从而提高工作效率和工作质量，并在档案信息资源方面提供更加便利的利用服务，实现档案信息资源的集成与共享。

为了使档案信息化得以顺利地实现，要对所运用的信息技术进行深入地了解并掌握，包括信息技术有哪些优点、信息技术具体有哪些方面可提升档案馆管理水平等。另外，要想通过信息技术对传统的档案管理工作进行升级优化，就要对原本的档案管理工作有深刻的把握，并针对各个工作环节进行重新规划，对档案馆中的各组成部分进行重新定位，包括组织机构和管理模式等，将档案管理工作的主要中心点转变为档案信息管理，为管理设立规范标准，以及建设适宜的管理环境。

在进行基础性建设的过程当中，档案管理工作人员是重要的因素，尤其是档案管理工作中的领导和优秀员工，不仅可以帮助档案实行信息化的转变，对管理软环境的工作建设，也是最重要的建设力量。传统档案馆中的一些传统观念、传统思想以及传统工作环节，都是从档案管理人员开始发展转变的。他们能够将管理方式变得更为科学，将工作思想变得更为开拓，通过接受新的思想观念和管理模式，推动信息化系统的发展，并满足档案管理工作以及社会上的各种需求。因此，档案管理工作人员面对档案信息化要学会接受与运用，并通过和开发人员之间的交流，对档案信息化有更深刻的理解，更好地掌握使用方法，保证信息化系统得以可持续发展。

2. 标准规范建设

标准规范不仅是对建设数字档案馆的要求，也是建设数字档案馆的参照和依据。合理的标准规范可以加快数字档案馆建设的进程，可以提高数字档案馆的管理水平和服务水平。数字档案馆的标准规范体系，是在行业、国家以及国际标准规范体系的基础上，根据现代数字档案馆的现实状况所制定的，因此标准规范体系应该是具有合理性和科学性，并为建设档案信息化提供具有指导性和规范性意见的文件。下面具体从国际、国家以及行业的角度，对标准规范建设进行详细的分析和讲解。

从国际的角度来看，可供借鉴的标准规范包括系统模型、文件保管格式以及格式规范等。其中，系统模型指的是开放档案信息系统（OAIS）参考模型；文件保管格式指的是文档管理、长期保存电子文档的文件格式 PDF/A（ISO 19005-1）；格式规范指的是数字图书馆的元数据格式规范。以上的这些内容在国际上都是已经公开发布和使用的体系内容。除此之外，其他能够使用的国家标准规范体系内容，对数字档案馆的建设也具有重要的指导意义。

从国家的角度来看，在建设数字档案馆的过程中可以将一些相关的法律法规作为标准规范体系的依据。例如，《中华人民共和国电子签名法》是为了规范电子签名行为，确立电子签名的法律效力，维护有关各方的合法权益而制定的法律，其中论述了电子文件也是具有法律效力的，并且和书面文书的法律效力是同等的。这一法律的颁布，为档案馆接受和管理电子文件提供了法律依据。事实上，关于数字信息资源，我国从 1999 年开始就已经制定了许多相关的法律内容，如《电子文件归档与电子档案管理规范》（GB/T 18894—2016）等，这些法律法规在建设数字档案馆的过程当中都可以作为参考和借鉴。

根据档案行业的特点，国家档案局也制定了相应的标准规范，这些标准规范主要是以地方为单位进行的，即这些标准规范都是根据当地档案馆的实际情况所制定的。以北京市为例，北京档案局是从 2000 年开始制定标准规范，主要包括数字化加工规范、照片档案管理规范以及数字资源保存规范等，具体的标准规范有《北京市档案数字化规范》《北京市数码照片归档与管理办法》以及《北京市综合档案馆数字资源管理规范》等。这些规范在档案管理工作中具有高指导性和强操作性的特点，有利于数字档案馆的建设工作。

除了上述的三个方面，针对数字档案馆本身的特点也有相应的标准规范，包括数字档案馆 IT 资源管理制度及数字档案馆运行维护管理制度等。这些内容的设立主要是为了给数字档案的运行管理以及维护工作提供参考。

3. 网络环境建设

网络其实就是一种可扩展空间，这个空间是通过网络设备、计算机、服务器以及存储设备连接而成的，其主要的传输介质是电缆或光纤，主要用于传递数据。在网络的七层协议中，最低层是物理层，而物理层的基本链路是由综合布线系统构成的。综合布线系统是网络弱电工程的主要内容，同时是信息化工程中的基础内容。在网络中，综合布线系统的存在主要是为了帮助硬件设备和软件系统发挥它们的作用，因此也可以称它为中枢神经系统。

档案管理工作人员虽然不涉及和网络布线工程相关的具体工作内容，但是应对网络的拓扑结构以及网络区域的划分方法与规则有所了解，具有区分并认识不同网络区域的能力，从而在面对不同的网络时能够知道该网络的主要作用，在工作过程中需要用到网络时也能清楚地知道自己应该使用哪个网络。此外，对于网络上的运行设备，档案管理工作者也要熟悉其性能特点，并对网络的安全局限性有足够的认识等。下面将对与网络相关的三点重要知识内容进行简单的概述。

一是网络基础连接与设置。档案管理工作人员需要知道连接客户端和局域网的基本工具是双绞线；在网络上能够找到计算机的标识，即计算机名、IP 地址以及网络域名；对于计算机的一些基本操作也要能熟练掌握，如网络连接和上网设置等。

二是对于网络功能的了解。在互联网环境下，计算机能够提供许多的基本功能，如对于数字信息的传输和存储功能、对文件的管理功能以及浏览器的使用功能等，档案管理工作人员对此要有一定的了解。

三是关于网络的安全意识。计算机操作者在使用网络的同时也要时刻注意网络的安全问题。提升网络安全的方法有很多，包括对信息资源的妥善管理，在使用计算机的过程中要保证操作的规范性，在设置密码时要提高密码的安全级别，而不要设置过于简单的密码等。最重要的还是要加强安全意识，提升安全使用的技巧，这些都是档案管理工作人员必须要掌握的内容。

4. 档案信息资源建设

档案管理工作的主要对象是档案信息资源，数字档案馆的价值是通过档案信息资源的流动而凸显出来的，因此这些数字档案信息资源也被称作是数字档案馆的血液。因此，在筹划建设数字档案馆时，档案管理工作人员需要对数字档案信息资源有足够的了解,包括在数字档案馆中有哪些档案资源是要提供利用的以及这些档案资源都是什么类型的;同时需要掌握数据库管理知识,以便在建设档案基础数据库时,提前做好充足的准备工作。下面将论述三点档案管理工作者需要掌握的内容。

一是对档案描述性信息的准备。档案描述性信息就是档案标引信息,通常指的是案卷目录以及卷内文件目录信息。档案管理工作人员通过运用这些信息,可以方便检索,同时也可以掌握档案的保存状态。这些信息同档案一样,具备一定的基本内容,如档案的档案号以及归档单位等;对于档案的管理也有相应的描述信息,如档案的管理状态,主要包括档案的存址以及档案的介质类型等;还包括档案的管理过程,包括对档案的鉴定和利用等环节。这些描述信息需要经过著录和整合的工作,即档案目录信息的数字化工作,具体可以通过一些桌面系统软件和办公自动化软件开展,诸如 Word、Excel 等。

二是对档案内容信息的积累。在数字档案馆中,档案内容是指所保存的最具有保存价值的档案信息,通常这些档案内容由不同的载体进行保存和显示,并且一些档案由于载体的不同,在接受数字化加工时其处理方式也有所不同。因此,针对需要数字化的档案信息,需要提前了解清楚,并且将不同处理方式的档案资源进行归类,做好数字化工作的准备工作。此外,在运用档案时,会遇到使用权限的问题,对于这类的档案内容也是要提前了解清楚的。

三是管理性信息。这类信息不是档案内具体的保存信息,而是在档案的交接过程,以及档案在被修改时所产生的信息,所记录的是在对档案进行管理时所产生的责任链信息。虽然管理性信息不需要进行长期的保存,但是它同样能够作为一种凭证,为档案的管理工作以及决策工作提供依据和服务。管理性信息通常都是由系统自动记录下来的,但是在使用的过程当中,依旧需要人为地分析这些信息是不是都有保存的需要,在使用时其内容是否足够详尽等。

5.人力资源建设

虽然我国的档案管理工作人员人数多,但是这些工作人员的思想大多过于传统,还在按照传统档案馆的档案管理工作状态进行工作,再加上档案管理工作人员的流动性不强,和其他行业之间也没有过多的交流,其他行业的工作人员对档案管理工作没有过多的了解。可以说,档案管理是一项极具封闭性和保密性的工作。但是在21世纪的今天，信息技术已经快速发展，继续沿用传统的档案管理思想和方式，对于档案事业的发展是不利的。为社会各界及政府提供档案信息的服务水平不高，其他档案管理工作的进展速度缓慢，已经引起档案管理工作人员的重视，以及其他行业人员对档案管理工作的关注。

当今时代已经是信息技术快速发展的时代，我国档案管理工作人员面对更多的将会是数字化的档案信息资源，其工作的环境也变成了网络环境，工作模式也不再是传统的档案管理模式，而是通过网络进行的现代化模式。由于我国许多的档案管理工作人员还不具备运用信息技术进行档案管理工作的能力，换言之，他们虽然具有档案管理工作的经验，以及熟悉档案管理工作流程，但是没有高水平的信息技术能力，这就会使得他们无法解决工作中遇到的许多问题。针对这一现象，我们要想办法进行改变。

第一，为了改变这种现状，首先要扭转社会各界对档案人员的错误定位。有学者曾将档案人员称作是档案的被动"保管者"，但这是一种错误的想法，真正的档案人员应该是"审计员"以及"监督者"。档案人员定位的转变，是要将档案人员从"保存者"转变为"塑造者"，从"保管者"转变为"干预者"。档案管理工作者不仅仅是在被动地看管着一些冷冰冰的文件，而是在积极主动地对一些文件进行保管和收藏。

要想完成角色转变，就要让档案管理工作人员的思想和技能都跟上这个时代的步伐，而最有效的一种方式，就是让档案管理工作人员继续学习新的知识来丰富自己的头脑，尤其是与信息技术相关的各类知识。除此之外，还要让档案管理工作人员有职业竞争意识，一旦踏入了文化产业的领域，就要同领域中的其他行业开始竞争，只有真正有能力的人，才能够在这个领域获得一席之地。因此，要想改变档案管理工作人员的传统思想与传统管理模式，就要让档案管理工作人员付出足够多的努力。

第二，为了改变这种现状，需要树立以人为本的管理理念。一项工作最基本的因素就是人，没有人的存在就没有办法完成工作。在档案管理工作中也是同样的道理，只有有了这些优秀的工作人员才能完成档案管理工作。为了完成档案管理的目标，有可能需要一个人的努力，也有可能需要团队协作的努力，但无论是以怎样的形式达到目标的，都离不开档案管理工作人员的付出。

因此，在档案管理工作中，对于工作人员的管理要时刻保持以人为本的管理理念，让他们在工作中变得更为积极主动，提升工作兴趣。树立以人为本的管理理念，就是要在工作中实现工作人员的价值，不损害工作人员的利益，不仅要满足工作人员在物质上的需求，还要满足工作人员在精神上的需求，以推动档案管理工作人员的内在动力，使他们对自己的职业感到骄傲，对自己的工作充满信心。

第三，为了改变这种现状，需要为人才创造优质的成长环境。我国并不缺少档案人才，但是这些人才很多在环境中被埋没了。在培养人才的过程中，环境是很重要的一个因素。我国要为档案管理工作人员创造一个和谐融洽的环境，使他们在这样的环境中提出自己的见解，根据不同的提议进行研究，从而讨论出更有价值的档案研究或者是更为有效的解决方案。

一些档案机构已经形成了"风正人和"的环境，形成这种环境就是为了使工作人员在工作的过程中，能够拥有更为舒适的环境。在这样的环境中，工作人员之间会相互理解、相互帮助、相互协作、相互尊重，在提升自身价值的过程中，提升自身的业务能力，从而成为更加出色的档案管理人才。

第四，为了改变这种现状，需要更为科学的引进机制。在档案人才队伍中，最合理的群体结构应该是由不同类型的人才按照一定的比例组成，并将不同的人才安排在合适的工作岗位上，让每一个人才都能够在自己的岗位上发挥出自己的优势，以调动工作人员的工作积极性。

因此，在构建人才群体时，要遵循多样化的原则，不仅要引进档案人才，包括其他专业方面的人才，如计算机或档案管理等方面的人才，也要引进群体之中，利用每个工作人员在专业方面的长处，使他们互相协助、互相启发，从而在工作中产生新的工作方法以及新的管理思路，推动工作的顺利完成。

第五，为了改变现状，需要为人才提供适当的奖励机制。在当今社会，众多行业都已经采用了竞争上岗的制度。同样，档案事业也可以实行竞争上岗制度，在对人员的管理方面建立竞争和奖励机制。

马斯洛曾提出过需求层次理论，并在理论中说明，每个人都具有创造力和挑战心，人们参加工作是为了享受在工作过程中所得到的乐趣。建立合理的激励机制，能够激发起工作人员的挑战心思，从而在工作群体中产生竞争，并以此形成档案事业发展的内在动力,推动档案事业长期平稳地发展。

三、数字档案馆的使用与维护

(一)数字档案馆的使用

1. 社会公众对数字档案馆的使用

在数字档案馆中,数字档案资源都是通过网络被社会公众所认知了解和查询利用的,但是由于互联网并不是完全安全的,再加上许多的档案资源都要保护其安全性,在数字档案馆中能够查询到的大部分资源都是已经向社会公众开放的信息资源。当社会公众在利用信息资源时,会根据数字档案馆分布建设的特点采取不同的方式进行查阅和利用。下面将介绍两种方式。

第一种是通过网络的方式利用档案。在数字档案馆中有档案服务窗口,档案馆中的档案资源都是通过这个窗口向社会公众提供的,包括档案的案卷目录、档案全文以及档案编研成果等。这些开放的档案资源可以通过专题的方式向社会公众进行展示,其展示的主题可以按照档案的门类进行,也可以按照档案的主题进行;社会公众想要利用这些开放档案时就可以通过该窗口进行档案检索,而且检索的方式有多种。除此之外,为了方便社会公众对档案资源的利用,通过窗口还能够对档案资源进行下载和打印等其他操作。

社会公众对于档案的需求是多种多样的,即使是通过网络的手段对档案资源进行利用,其需求也是不同的,因此在保证数字档案馆中的各类信息组织和软件功能平稳运行的同时,还要对用户的操作界面进行优化,以方便用户使用。

第二种是直接到档案馆中,对档案信息进行利用。社会公众需要到档案馆中寻找档案资源,有两个方面的原因:一方面是因为一些需要保密的档案信息不能通过网络展现给社会,在网络上只能找到开放的档案信息;另一方面,对档案资源的开发本身就是一个漫长的过程,将档案资源放在网络上也需要一定的时间,因此人们会选择到档案馆中直接寻找需要的档案资源。

数字档案馆的建设针对以上两个方面应做出相应的改善,面对未公开的档案资源,提供档案馆的局域网,让用户在固定且安全的网络环境下对档案资源进行利用,并且对提供给社会公众的档案利用服务进行优化和提升。

2. 立档单位对数字档案馆的使用

在数字档案馆中还存在一类特殊的用户，即立档单位。立档单位是一个机构，它在形成新档案的同时，也经常利用产生出的新档案，并直接将这些档案交至档案馆中。

立档单位会通过数字档案馆移交新档案。在数字档案馆的系统功能中，包含接收档案的功能，这个功能不仅能辅助工作人员顺利完成接收档案的工作，同时也是立档单位通过网络移交档案的一种重要方式。针对数字档案信息资源，立档单位是通过和开发部门之间的程序接口进行档案的移交工作的，但这一工作依旧需要人工监控，以在移交的过程中及时发现异常情况；针对纸质档案，立档单位同样可以通过网络将档案进行移交，但是在网络上提交的内容只能包括档案的目录信息以及同档案相关的一些电子化信息。通过上述办法，在档案馆中可以得到同这些移交过的档案相关的信息，并反复使用。这个功能不仅是立档单位的工作，也是档案机构所特有的功能模块。

立档单位可以通过数字档案馆对档案进行利用。立档单位在数字档案馆中使用更多的是自己所产生的各类档案资源。针对这种情况，在建设数字档案馆的时候，为了方便立档单位对这些档案的利用，应该为其提供专门的功能模块，这也成为立档单位在利用档案资源时更为有效的手段。这种功能模块是将立档单位作为一类特殊用户进行功能开发的，只能提供给立档单位进行使用，并且会根据档案室的功能模块对其进行补充和改善，以满足立档部门的更多需求。

3. 档案管理工作者对数字档案馆的使用

使用数字档案馆的档案管理工作者也分为两类：一类是负责档案管理工作的人员，另一类是负责档案行政管理的工作人员。

数字档案馆按照档案管理工作的各个环节，将负责档案信息处理的各个部门以及岗位之间通过网络进行连接，这就使得档案管理工作人员只需要利用数字档案馆所提供的网络，就可以完成自己的本职工作。不同岗位的工作人员负责的工作内容是不同的，但是只要通过网络就能够看到属于自己的工作内容，以及自己处理工作的进度，对于有问题的工作环节还可以"返回"重新操作，在完成一个环节之后再进行下一个环节内容的处理，最终完全实现档案的网络化操作。例如，负责移交档案的工作人员，只需要通过系统将档案进行提交审核，负责审核档案的工作人员，就能够通过网络看到需要审核的档案，并且会有"待审核"的提示。如果档案符合通过审核的条件，就可以将档案"提交入库"，这就需要下一个环节的工作人员找到"待入库"的档案进行入库操作；如果档案不符合通过审核的条件，审核人员可以写明原因并将档案退回，这时移交人就需要重新处理被退回的档案。

在数字档案馆中，有一些档案依旧是通过"双轨制"的模式进行处理，通过网络进行处理的工作流程同上述的工作流程是相同的，但是多了一项将网上的信息同纸质档案进行核对的工作，因为通过网络的方式处理这部分工作会花费过高的成本，所以依旧需要人工进行操作处理。

（二）数字档案馆的维护

由于数字档案馆是在高新技术的支持下建立的，对数字档案馆进行维护时，需要由专业的信息技术人员进行操作，以保证数字档案馆能够长期稳定地运行工作。这项维护工作也就成了一项需要长期开展的工作。

数字档案馆的维护工作主要包括维护档案馆的 IT 资源管理、维护数字档案馆中的硬件设备和软件系统以及保证数字档案馆在网络的安全运行等。

1. 网络基础设施及网络设备的管理与维护

对网络的维护工作包括对网络的管理和监控，对网络设备的监测与更新，在网络出现故障时及时进行处理等，这些维护工作实际上是网络管理员的日常工作。网络对于数字档案馆的运行来说，是极其重要的影响因素，只有保证网络技术的先进、网络环境的安全，并及时解决同网络相关的问题，数字档案馆的基础运行平台才能得到保障。在维护网络的同时，根据数字档案馆的实际情况，可以提出关于数字档案馆新的建设方法，以推动其发展。

2. 服务器与存储器的管理与维护

对服务器与存储器的维护工作主要包含两个方面的内容，一方面是日常管理与维护，另一方面是更新与升级，这两方面的内容属于系统管理员的日常工作内容。维护主要是维护正在使用的服务器与存储器，更新与升级是在扩展档案管理工作时所做的管理工作。但是，无论是哪种工作都要求管理人员具备专业的技术，以保证服务器和存储器的正常运行。

3. 操作系统与应用服务系统的运行维护

对系统的维护工作主要针对的是一些最基础的软件系统，其主要的工作内容是帮助系统进行安装和升级，及时解决系统中出现的一些问题，以及在计算机中安装一些安全防护软件，对系统进行安全防护，以保证系统的各项操作都能够正常进行。

4. 数据库管理系统的运行维护

除了对操作系统与应用服务系统进行维护之外，还应对数字档案馆中的数据库管理系统开展维护工作，这同样是系统管理员的日常工作。其具体的工作内容和其他的系统维护工作相似，包括要对系统进行升级，解决系统中出现的问题，同时还要将数据库中的档案信息资源进行备份。数据库管理系统内包含多种不同类型的数据库，对于这些数据库中的各类管理程序，也同样需要进行维护工作。

5. 应用软件系统的运行维护

在数字档案馆，还要对应用软件系统开展维护工作，包括在档案管理工作中会经常使用到的一些基础软件和档案管理信息系统等。维护这些系统的主要内容是将需要升级的软件、病毒库升级到最新版本，防止软件系统被病毒入侵。

6. 数字档案资源的管理与维护

在数字档案馆中，最需要维护的内容就是档案信息资源。对于档案信息资源的管理和维护，主要为了是保证资源的安全性，如通过不同的方式对档案进行实时的备份工作，并且将备份的内容进行迁移。这样一来，当数字档案馆中的档案资源出现问题时，就能够通过备份的数据进行修复。

7. 数字档案馆系统的更新换代

数字档案馆所运用的信息技术在一定程度上具有局限性，这种局限性会因为所处的时期不同而产生不同的表现，这些局限性可能是项目资金的限制，可能同用户的需求相关，又或者是系统中自带的一些程序漏洞等。为了保证数字档案馆系统能够满足数字档案馆平稳发展的需求，就要随着社会上信息技术的发展，更新数字档案系统。这对于数字档案馆而言，无论是在建设期间还是发展期间都是一项十分重要的工作。

第三节　智慧档案馆的价值、特征与发展

一、智慧档案馆的价值

在智慧城市的时代，档案资源需要在不同的部门之间、不同的行业领域之间，甚至是在不同的区域之间进行共享和利用的；而在传统档案馆中，对档案资源的管理方式为"孤岛式"管理，即将档案资源分为不同的层次级别，以分散的形式进行管理，这样管理的档案是没有办法满足智慧城市对于档案的需求的。因此，为了同智慧城市的运营发展过程相适应，就需要改变传统档案馆的管理模式与结构体系等，让新运营模式下的档案馆在智慧城市的背景之下，依旧可以平稳地运行和发展。智慧档案馆就可以满足这一要求。智慧档案馆的价值主要表现在以下三个方面。

（一）理论方面

为传统档案馆提供新的运营发展模式，同时对档案学的基础理论进行扩展。在智慧城市的背景下，智慧档案是一种不同于传统档案馆的档案馆，其保管的档案资源都是经过数字化处理后而形成的档案，并且这些档案无论是存在于档案馆中，还是在以后的发展过程中，都蕴含着符合智慧档案馆的"智慧"。在智慧档案馆中，基础设施可以实现共享，档案资源会经过统一管理，档案管理工作者会通过信息技术同其他部门之间的工作人员相互协助，同利用档案的人员相互联系。为了实现上述内容，就需要为智慧档案馆构建新的基础理论体系，用于优化档案馆的工作流程、提高档案馆的服务水平以及满足社会对于档案馆的要求等。

（二）档案管理业务方面

智慧档案馆可以将档案的收集工作、档案的管理工作以及提供档案的利用服务相结合，并形成良好的发展趋势，让档案管理工作以及同档案相关的工作人员和使用人员之间形成良好的互动机制。在智慧城市中，智慧档案馆可以形成一种通过各类人员的协助，让收集、管理和利用三大主要服务工作能够相互辅助、相

互连接的新的服务链体系，在这种体系下形成的档案信息资源将会是智慧城市中最具价值的信息资源。

（三）档案社会服务方面

智慧档案馆中保管的档案资源同样是在记录社会的历史，为智慧城市提供服务；但同传统档案馆不同，智慧档案馆的工作体系是从数字生态和城市全局的角度进行建设的，并以此来提升智慧档案馆的功能。建设智慧城市，实际上是要建设一个具有先进技术、蕴含新行为思想的新型城市生态环境，在这个背景下建设的智慧档案馆同样十分重要。智慧城市能够为智慧档案馆中的档案管理工作提供规范的准则、先进的技术、安全的保障，以及更为系统化的框架体系。在此环境下，智慧档案馆的建设有效提升了国家档案馆的功能。

二、智慧档案馆的特征

智慧档案馆同传统档案馆和数字档案馆都不同，在智慧档案馆中使用最多的是现代信息技术，其被应用到档案管理工作的每个环节之中。智慧档案馆中的技术系统同其他两种档案馆相比，有着很大的差别，它的技术系统也是智慧档案馆的一大特征。正是因为这一特征，档案馆中的工作人员和档案所提供的服务模式，也同以往相比有了极大的改变。智慧档案馆的主要特征如下所示。

（一）智慧档案馆的基础架构特征

对于传统档案馆和数字档案馆的发展，人们一直以来都希望它们能得到平稳的运行，但是对于智慧档案馆的发展，人们更加希望它可以与社会同步发展，并呈现出一种动态的特征。从一方面来讲，无论是在建设智慧档案馆的过程中还是在智慧档案馆发展的过程中，所运用到的技术都是比数字档案馆更为先进的技术，并且需要不断地对这些技术进行优化，为档案管理工作的各个工作环节提供更智能和更个性的智慧能力。智慧档案馆中的档案所记录的依旧是一个城市在某一时代背景下所形成的历史，并对当时的文化进行传承，为社会公众提供档案服务。

从另一方面来讲，智慧档案馆是在网络发展的背景之下产生的，因此它的构造与运作同传统实体档案馆大为不同，智慧档案馆通过利用网络技术的方式，针对不同地域以及不同实体档案馆中的档案资源，在协同工作、集中管理和单点服务的模式下开展档案管理工作，并且智慧档案馆会随着智慧城市生态环境的变化，而改变其自身的系统结构及运营管理模式等，为满足社会的需求而不断进行调整和优化。

智慧档案馆的特征是通过它的基础体系结构所体现的，并在智慧城市背景下，采用全新的现代化的档案管理模式。智慧档案馆的体系结构主要分为两层：一层是技术层，一层是应用层。智慧档案馆在技术层面主要是将档案资源通过先进的网络技术，进行集中化管理；而智慧档案馆在应用层面上主要是为档案信息资源注入智慧，以满足智慧城市对智慧档案馆的要求。

以上这两个层次被称作是智慧档案馆的"双层四系统"。它作为智慧档案馆的基础模型，既能够符合智慧城市的背景需求，又能够对档案馆实行全面的现代化管理。在对智慧档案馆进行研究时，可以从智慧档案馆的技术层、应用层、主体和支撑保障体系四个方面出发。

1. 智慧档案馆的技术层

智慧档案馆中各组成因素的智能成分来自智能档案馆的技术层，并且技术层是用于支撑智慧档案馆的基础层面，其中还包含感知层、网络层和平台层。

（1）感知层

感知层可以被看作是人身上的皮肤或者五官。作为技术层的基本要素，感知层可以提升人的感知能力，帮助智慧档案馆解决各类型数据中的问题，并帮助档案馆中的工作人员和使用人员可以和不同类型的物质进行交流。虽然感知层是技术层的最低层，但它直接决定了智慧档案馆能否顺利建成。

在感知层中，人们能够通过各项具有高科技的技术和设备，对事物进行全面的感知，再将其得到的内容通过传感网络，提供给智慧档案馆，以辅助其进行管理和提供服务，这就是感知层最主要的功能。

在感知层中，可以感知档案馆中的工作人员以及利用档案的人员，也可以感知同档案馆相关的各类建筑、各项设备以及环境等。总的来讲，其主要感知对象既可以是人，也可以是物；主要的感知技术包括二维码技术以及传感器技术等。感知层主要是通过不同的设备与技术，对不同的感知对象进行自动感知，并将通过感知获得的数据进行收集、整理和保管，再利用这些数据信息让智慧档案馆变得更加"智慧"。

例如，智慧档案馆可以通过感知层对身份进行感知，这种身份感知不仅包括对馆中的工作人员的身份和基本信息进行辨认，还包括对事物的地址及其静态特征进行感知，使得智慧档案馆朝着个性化的方向发展；智慧档案馆可以通过感知层对位置进行感知，这种位置既可以是绝对位置，也可以是相对位置，既能够感知到档案在馆中的所在位置，还能够感知到档案在馆中的状态；智慧档案馆还可以通过感知层对环境进行感知，为档案的保存工作提供更加适宜的环境，保证档案与档案馆的安全。

（2）网络层

网络层可以被看作是人的神经网络。作为技术层的中间环节，它可以连接技术层中的感知层和平台层，同时连接智慧档案馆中的技术层和应用层。传输数据是网络层的主要功能。

网络层传输数据的过程，是将智慧档案馆中的各层相互连接，并在各层之间形成用于处理数据的通道，先将从感知层得到的信息通过通道传送至平台层，在平台层内对收到的数据进行处理，再将处理完成的数据通过通道传送至应用层，之后再对到达应用层的数据继续进行处理。

网络层主要利用网络传输数据，包括互联网和物联网等，并且在各层之间可以对数据信息进行智能控制以及智慧管理等。

（3）平台层

我们可以将平台层比作是人类的大脑。它作为技术层的顶层，一方面要对应用层提供辅助，满足应用层的需要；另一方面当信息处理过程中出现问题时，进行解决。达到平台层的数据，需要进行处理，将数据变成一种指令或者是信息，再根据应用层最终的需要，做出下一步的工作。可见，平台层主要是为了将收集到的数据交给数据中心进行安全管理。

在平台层中会利用多种先进技术，包括云计算及人工智能等，对档案馆、数据、应用系统等进行管理，而且在管理的过程中，为了满足应用层的使用，还会构建出一种能力引擎。

在建设平台层的过程当中，为了对不同类型的档案实行一体化和交互化的管理模式，需要物联网技术的支持。这就要保证在管理的过程中，物联网技术所涉及的内容都可以正常使用和运行,从而使智慧档案馆中的档案管理工作变得更智能、更高效,并提升为社会提供档案利用服务的水平,以更先进的技术对数据进行处理和研究。

2. 智慧档案馆的应用层

在智慧档案馆中,应用层是智慧档案馆的顶部,其主要的功能是为使用智慧档案馆的用户提供一个使用界面。应用层上会形成一种应用网络体系,这种体系包含了各种子应用,这些子应用能够将获得的数据和要处理的工作进行整合,最终让各个子应用相互连接、相互辅助,形成一个智能的处理系统。

应用层是由两方面内容组成的:一是智慧管理体系,二是智慧服务体系。正是因为有这两个体系的存在,才会体现出智慧档案馆中的智慧"人"与智能"物",并将位于应用层的管理变得智慧化,将服务变得更加人性化。

(1) 智慧管理体系

智慧管理体系的本质其实是数字档案馆的管理系统,只是在智慧档案馆中,通过应用物联网技术,这种管理系统变成了一种管理体系。其主要管理的内容包括数字档案信息资源、实体档案资源以及档案馆的环境等;其主要的管理方式是实行集成一体化管理,以保证档案管理工作的完成效率和完成质量。

在智慧管理体系下,档案馆中的各个部门可以通过协同合作,共享档案信息资源,同时档案馆中的工作人员也可以利用智慧管理体系,对档案馆中的信息资源实行数字化管理,在人和物之间形成一种良性互动,实现对事物的智慧管理。

(2) 智慧服务体系

智慧档案馆中的"智慧"体现在智慧服务体系中。智慧服务体系的核心在于共享档案信息资源和利用档案信息资源。在该体系中,对于信息的利用更便利,在不同时空都能进行信息共享服务,而且在对数据资源和信息资源开展建设工作的同时,能够将信息资源进行整理并提供给社会公众。

在智慧城市中具有一种公共服务体系,要想让智慧档案馆加入该服务体系之中,最有效的办法就是建设智慧服务体系,同时这也是智慧档案馆建设的主要目的。智慧服务体系将档案馆同社会中的各个部门相连接,将档案信息资源在两者之间实现共享,对档案信息资源的开发工作也具有推动作用,能够满足社会对档案资源的各种需求。

智能服务体系是在利用其多样的服务方式、强大的服务能力以及丰富的服务内容服务于政府，将智能档案馆中的档案信息资源作为一种参考，为政府提供需要的内容；服务于社会，满足社会公众对档案信息资源的各种需求，同时提供丰富的知识内容，推动社会文化的建设进程；服务于企业，为各类企业提供它们所需要的档案信息资源，提升其工作效率，增强其产业能力。同数字档案馆中的服务体系相比，智能服务体系在服务能力方面更为优化。

3. 智慧档案馆的主体

在对智慧档案馆进行建设规划的过程当中，需要社会各界的多种力量参与帮助，包括国家政府、社会各类企业以及社会公众。它们不仅是智慧档案馆的最终用户，享受智慧档案馆提供的各类服务，同时也是智慧档案馆的主体，符合智慧档案馆的发展需求。

（1）政府

政府在智慧档案馆中是以倡导者的身份存在的，它倡导在对智慧城市的规划中，加入智慧档案馆的建设工程；它是以建设者的身份存在的，使智慧档案馆在建设的过程中，始终满足智能城市对档案服务的需要；它是以一种设计者的身份存在的，在对智慧城市进行规划的同时，将智慧档案馆与政府之间实现了档案共享，并在相互协助的条件下，推动了智慧档案馆的发展。同时，政府也是智慧档案馆的应用者。

（2）企业

由于智慧档案馆需要运用到许多先进的信息技术以保证其发展和平稳运行，在建设的过程当中就需要将这些信息技术融入其中。对于这些信息技术的应用和维护，以及对于基础设施的建设工作，都需要有专业的企业提供技术上的支持，尤其是涉及一些具体行业上的信息内容时，更需要有针对性的企业来提供帮助。因此，企业在智慧档案馆的建设过程当中，也是极其重要的一个主体。

（3）社会公众

社会公众可以直接参与进智慧档案馆的建设，是智慧档案馆的参与者；可以直接体验到智慧档案馆的建设成果，是智慧档案馆的体验者；可以享受智慧档案馆所提供的各项档案资源服务，是智慧档案馆的受益者。智慧档案馆的建设能够满足社会公众对于档案的各种需求，同时社会公众也会为完善智慧档案馆提供合理的建议，推动其发展。

4.智慧档案馆的支撑保障体系

智慧档案馆的支撑保障体系包含了三个方面，分别是制度保障体系、人力资源保障体系以及智慧产业支撑体系。

（1）制度保障体系

在该体系中，主要包含的是为智慧档案馆建设有关的法律法规以及各类的政策制度等。研究这些法律法规的主要目的是明确智慧档案馆在国家档案事业中究竟处于一个什么样的地位，在智慧城市的背景下数字档案馆是怎样运作的，以及智慧档案馆和时代背景又会有着怎样的联系。通过对智慧档案馆的各类规范制度的研究，可以保证档案馆中的各类资源即使其来源不同，内容复杂多样，但依旧能完成档案资源的共享，并实现与智慧城市的协作发展。

（2）人力资源保障体系

人力资源主要分为两类：一类是智慧档案馆的建设者，另一类是智慧档案馆的用户。建设者指的是能够从智慧城市的角度出发，在智慧档案馆的建设过程中确定其发展方向，通过运用先进的信息技术，对档案管理工作进行创新，对档案资源进行深度开发的人，这一类人通常是有利于智慧档案馆建设的复合型人才；用户指的是掌握档案管理工作各个环节工作的同时，还能对智慧档案馆中所具备的各类型软件系统进行熟练操作的人，其主要利用的是智慧档案馆中的各类先进技术和应用系统，以完成对传统的实体档案馆进行管理，这一类人通常是应用型人才。无论是建设者还是用户，最终都是在推动智慧档案馆的发展，并将档案馆的"智慧"应用到社会大众之中。

（3）智慧产业支持体系

该体系在智慧档案馆中是一个十分重要的体系，它能够维护智慧档案馆的平稳运行、提升其能力和服务水平，还能够满足社会对档案馆可持续的要求。智慧档案馆本身就是一个服务体系，其智慧产业支持体系主要表现在信息技术和通信技术方面，因此它最需要的是来自物联网制造商以及信息产业服务商所提供的支持。例如，对于基础设施的建设和维护，对于档案信息资源的利用和保管，对智慧档案馆的建设和规划等多个方面，都需要得到这两者的支持。

（二）智慧档案馆的信息系统特征

信息系统是智慧档案馆全面实现现代化管理和智慧化服务的基础和前提，属于档案馆战略规划和顶层设计的范畴。智慧档案馆不仅包括如何管理档案馆内的档案资源，还需要围绕档案馆工作运行涉及的所有要素进行整体规划和顶层设计。其信息化系统建设和系统实施范围将全面覆盖档案馆所有工作人员（包括档案馆领导、行政事务管理人员、技术服务人员、档案管理人员和库房管理人员等）、所有档案数字资源（包括馆内所有的档案数字资源、档案管理过程记录、档案馆的办公设施、财务资产信息及其在管理和使用过程中形成的过程记录等）、所有档案馆内的实体资产（包括实体库房、办公环境、基础设施资源等）的信息化管理和运行监控，同时还包括与档案馆上游（档案移交单位及其人员）和下游（档案信息消费人员）等部门的利益相关者。其目标是对档案馆所有的业务实现全面信息化管理，通过流程优化、资源整合、协同办公来实现馆内管理运作的现代化、基于系统的管理控制和领导决策的科学化，减少传统管理中人为因素引发的主观性、滞后性和欠科学性问题。智慧档案馆的这一目标趋向与智慧城市建设发展的步调相一致的，具体体现在档案馆信息化管理的全面化、档案馆资源组织的精细化、档案馆业务实现的感知化、档案信息服务的知识化等多个方面。

1. 档案馆信息化管理的全面化

与数字档案馆相比，首先，智慧城市背景下的档案馆将从档案资源信息化管理迈向档案馆业务全面信息化管理，借助智慧城市的新型生态环境和新型技术实现档案馆工作的全面信息化，从档案资源管理、档案馆设施管理、档案馆业务流程优化和基于系统的管理运作和质量改进，提升智慧档案馆的整体运行效率和决策水平，为智慧城市生态环境下全面管理电子文件储备专业技术能力，为智慧城市对信息消费的广度和深度需求提供专业服务能力。其次，需要建立档案文化社区，感知和发现电子文件形成的规律和特征，记录和传承档案人的经验智慧，捕获和分析档案用户的行为习惯，从而建立文件形成者、档案管理工作者和档案用户之间的服务链体系，营造智慧城市中记忆历史、传承文化、启迪新智慧的档案文化氛围。最后，需要借助各种新技术手段和方法，建立各种便于档案馆功能实现的智能工具集，向档案资源的聚合、档案信息的检索、档案知识的发现、管理过程的监管以及档案的长期保存引入技术手段。

档案感知与获取系统是档案馆主动获取智慧城市中各信息系统形成的有价值的、记录城市发展历史和承载人类智慧的电子记录的系统，需要采用物联网的智能化感知技术和工具来实现，需要采用集成化的方法进行系统迁移或格式转换，需要采用档案化的处理方法进行封装。可以说，这一系统是智慧档案馆中核心信息资源——电子档案的来源通道。

档案馆全面管理信息系统是面向档案馆所有业务最大限度地实现信息化管理，包括档案管理、设施管理、人员管理、行政管理、财务管理、库房管理、环境监控和辅助决策管理等。档案馆通过建立全面管理信息系统，能够实现业务工作的流程化衔接、过程化监管、质量化控制和学习型组织的建立，减少人为操作失误和人为管理粗放带来的不准确的辅助决策信息，从而可以在全馆范围内提升档案馆的现代化运作效率和整体管理水平。

档案智能服务系统是面向档案用户提供的信息服务系统，除了可以通过建立网站信息公布系统使用户查询和获悉档案信息资源外，还可以根据用户以往使用的档案信息为用户推送其感兴趣的档案信息与知识，并将馆内通过编纂编研而取得的工作成果通过网络进行展示和呈现。另外，还可以根据用户的个性化需求提供档案信息综合开发和定向服务，并通过数据挖掘和分析，深度开发档案信息资源，为社会公众提供能够启迪智慧、开拓创新的知识服务功能。

档案文化社区系统是档案管理工作得以发扬光大、深入智慧城市每个角落、营造城市档案文化氛围并影响每个人行为习惯的综合服务社区，它通过记录和宣传以往的档案管理工作经验和价值，分析和发现档案形成者和档案用户的行为规律和信息价值观，在智慧城市背景下形成广泛的档案服务价值链，使每位社会公民都能够从记载历史、延续文明的角度认识和理解档案管理工作的价值，形成档案文化意识，并自觉从文件创建和办理的任何流程环节记录其真实的行为、信息和成果，从而丰富智慧城市的文化内涵。

2. 档案馆资源组织的精细化

智慧档案馆系统的全面建成，将对档案馆内部数据库系统的构建提出新的要求。一方面，档案馆资源的来源范围将会逐渐扩大，不仅来源于传统档案馆内部形成的档案，还将范围扩大到云数据中心、社交媒体、电子商务网站等，对社会发展有重要推动和影响作用的服务社区或电子商业环境。智慧城市下的档案馆应对这些新型的并且未纳入以往传统档案收集范围的电子记录进行统筹安排和整体部署，确保智慧城市下人类智慧和信息技术支撑下的各种新形态、新事物、新发明能够被记载到社会发展的历史中，为子孙后代进行财富再造提供全面的信息和知识。另一方面，从档案馆收集、处置、保存和提供档案利用的业务的角度来看，档案资源库的建设将不仅仅局限于接收进馆的档案信息库（以往数字档案馆建设的主要数据库）的建设，还需要建立支撑档案馆基础设施、库房和环境管理，行政办公、财务、技术服务和档案管理等所有业务活动的数据库，同时还应根据档案管理各个业务环节的特点对档案信息库实施精细化管理，以满足智慧档案馆系统运营的新要求。

3. 档案馆业务实现的感知化

智慧城市生态环境最典型的特征是通过物联网、云计算、互联网，使人、物、系统、数据库彼此之间实现互联互通和智能化联动，并通过建立广泛的感知系统，赋予技术系统以分析、判断和预测功能，使静态的物体、系统和数据库具有感知功能。智慧档案馆的信息系统建设过程也将呈现出这样的智慧特征和人类特有的高级能力。

数据感知器是系统内部数据库之间进行数据集成、迁移、转换和交换的感应系统，它通过智能化数据中心各类处理技术实现相关数据库之间的同步、传递与迁移。

系统与数据库之间的感知器是系统与数据库之间实现业务智能处理和自动感知的系统，它通过专用组件、中间件、数据整合、系统集成和语义处理技术等实现系统与数据库之间数据的自动存取与高效率访问。

系统感知器（S感知器）是系统和系统之间实现智能交互和业务协同的感知系统，基于工作流、Web服务、配置策略等技术和方法实现系统间的沟通与交互，它支持不同部门之间的业务协同和流程优化，能够从档案馆全局的角度提升工作效率。

行为感知器是人与系统进行自动沟通和相互匹配的中间件。系统通过对人的以往行为进行捕获，采用数据挖掘、分析和知识处理等方法，可以使系统具有分析、判断、预测甚至感悟等智慧功能。

总而言之，智慧档案馆信息系统在对物联网、互联网以及数据智能分析与自动处理技术进行全面应用的基础上，能够使智慧档案馆中静态的物体、系统、数据拟人化，使之成为可以主动思考的智能对象和活动实体；能够将信息技术方法和人的智能行为实现充分的融合，使档案馆的业务和系统从平面走向立体，从被动地使用走向主动地提供智能化服务；能够将基础设施、应用工具、工作过程实现自动化、智能化和协同化。

4. 档案信息服务的知识化

档案管理的最终目的在于为社会提供全面的信息服务，通过记载以往人类在业务活动过程中形成的成果和开展业务的背景要素，发现和挖掘以往的智慧行为和经验方法，为社会的持续发展提供源源不断的信息和知识。网络信息技术的快速发展使档案馆能够将馆藏资源不断数字化，通过建设数字档案馆，提供档案资源的目录和原文的信息检索和全文内容享用。在智慧型城市的背景环境下，数据分析与挖掘、语义分析与知识发现、智能处理和感知设施的广泛应用，将再一次推动档案信息服务的水平，使其提升到一个更高、更广和更深的层次和高度。这将使档案馆在建立立体数据仓库和数据挖掘系统的基础上，面向馆内组织机构提供综合查询和辅助决策支持，面向智慧城市中的各行各业和社会公众以往的行为、需求和要求提供个性化的知识推送与专门化的定制等能够体现档案馆预知、判断和分析能力的智慧型服务。

基于知识管理方式提供档案信息的智慧化服务，首先需要对档案数字信息进行知识化处理，采用语义分析、搜索引擎和数字仓库等技术建立用于挖掘、分析和发现档案相关知识的档案知识库，然后再参照用户的信息消费需求，对知识进行有效的组织，并利用信息技术手段通过多种服务方式将档案知识传递到用户终端。这样一来，就可以大大提升档案信息服务的能力和水平，使服务方法更多样、服务内容更丰富、服务工作更人性、服务程度更精细，最终实现档案服务模式由传统向现代的转变。

（三）档案仓储管理的虚拟化特征

在智慧城市生态环境下，城市楼宇和档案馆舍环境都将发生质的变化，互联网、物联网、射频识别技术、智能传感器和智能监控技术将逐渐得以广泛推广。例如，利用射频识别技术通过将电子标签嵌入员工的工作证、用户的借阅卡等之中，实现对员工基本信息的管理，为员工学习提升、员工权限管理等提供依据；通过对用户利用基本信息、特征、位置等信息的管理，可以实现个性化服务和对档案的安全监控，进而对档案馆的一切人、建筑、环境、设施设备进行安全的全面智能化控制管理，实现人力和物质资源的优化配置。

另外，通过使用智能传感器对档案馆基础设施设备、建筑、环境等的全面感知，可以实时掌握设备设施的基本信息、运行状态，实现对馆内各种机器设备等的智慧化程序控制及综合管理，为设备购置、维护、检修提供强有力的支撑。另外，通过智能控制调节档案馆环境温湿度、光照度等，可以为档案馆营造低碳、环保、人文的生态环境。总而言之，通过采用智能楼宇技术和系统，不仅可以监测档案馆建筑类安全隐患，实现智能管理，还可以监测档案实体的保管环境、绝对和相对位置状态，实现对涉及档案实体安全因素的智慧监控和管理。当然，还可以将智能楼宇技术与数字档案馆系统建设工作结合起来，建设虚拟库房，实现对所有馆藏档案（包括档案实物和档案数字资源）的智能化管理。

三、智慧档案馆的发展

当前，我国档案领域在智慧档案馆方面的研究和实践，为智慧城市背景下档案资源的整体聚合、科学保管和高效利用注入了良好的档案文化意识、技术系统环境和专业操作技能，为提升档案馆的"智慧"水平提供了基础资源条件，营造了专业业务氛围。[①] 但是，这些研究和实践在以下几个方面还存在进一步深入和探索的空间。

首先，在组织层面，缺乏从国家、城市数字化发展的整体角度对数字档案资源整合服务的规划和安排，缺乏城市层面档案管理的组织架构和工作体系的全局部署。依附于单个实体档案馆而架构的智慧档案馆系统，难以实现城市乃至全国全部档案资源的系统化整合、统筹化管理和高效化利用。

其次，在理论层面，现有的研究多局限于档案管理模式、运行机制、资源整合的宏观构想以及系统功能的中观要求，而智慧档案馆的构建需要有在创新技术应用环境下的制度安排、业务模式和运作机制等一套完整理论体系的支撑，才能高起点、高水平地引领档案事业的发展方向，指导档案管理的工作实践。

最后，在实践层面，缺乏深入系统功能实现、文件对象控制、档案资源聚合和组织管理运作等各个层面的完整的智慧档案馆的实施方法和操作规程，而且当

---

① 彭忧. 国内智慧档案馆研究述评[J]. 兰台世界，2020（12）：36-38.

前指导性的功能要求和宏观描述，难以支撑智慧档案馆的全面实现。

从档案学理论构建、档案馆未来发展的角度来看，档案领域在智慧档案馆方面的研究应侧重于以下几方面（但不限于）。

首先，智慧档案馆的生态特征与基础理论研究。基础理论是智慧档案馆建设与实施的统领和指南，我们需要在理解智慧城市新型生态环境的特征及其对信息资源管理与信息消费整体要求的基础上，分析智慧档案馆的发展趋向和生态特征，明确智慧档案馆的基本概念、组织形态和工作体系，研究其内涵、特征、构成要素、组织结构、职能分工及其在智慧城市中的定位、作用和发展，并在此基础上进一步探索智慧档案馆的结构优化和组织变革。

其次，智慧档案馆技术系统的框架结构。技术系统是智慧档案馆的核心构成要素，是档案资源安全保存和提供利用服务的平台工具。构建智慧档案馆技术系统的框架结构，应从制度、业务、资源、技术、服务和人员六个维度研究智慧档案馆的基础体系结构及协同工作机制；从档案管理工作的全程控制性、档案业务的制度遵从性、档案资源的统筹管理性、档案服务的社会多元性、馆员技能的综合性要求和管理实现的技术支撑性等角度全面设计智慧档案馆的体系结构以及六个维度之间相互关联与制约的协作机制。

最后，智慧档案馆整体构建的实施方法。实施方法是理论得以落地的重要保障。要想探索和研究智慧档案馆整体构建的实施方法，就应从智慧人、智慧系统、智慧工作和智慧服务等多个层面研究和分析智慧城市生态系统对智慧档案馆的基础要求和资源依赖；从管理制度建设、电子档案聚合、业务流程优化、人员能力提升、系统集成架构和IT服务管理等方面研究智慧档案馆的实现原理和实施方法，并结合智慧城市的生态环境和档案资源管理的要求，提出一套能够用于指导智慧档案馆建设与实施的整体设计方案，结合现实环境中的智慧档案馆建设工程进行验证和改进。

总而言之，智慧档案馆的研究是一个全局性、开拓性、动态性和持续性的课题，其研究内容涉及理论、方法、业务、工程和系统构建等方方面面。因此，应在国家档案事业统筹规划和整体部署的基础上，将学术界、档案行业专家、信息技术应用领域的研究人员和工程师们的积极性调动起来，只有这样才能逐步实现预期的愿景。

参考文献

[1] 王世吉，唐宁，周雷. 现代档案管理理论与实践 [M]. 延吉：延边大学出版社，2018.

[2] 毛雯. 档案管理工作研究 [M]. 中国原子能出版社，2018.

[3] 王广宇. 管理 3D 中国档案学透视与延展 [M]. 上海：上海世界图书出版公司，2015.

[4] 王淼，潘立军，孟磊. 现代档案管理基础理论与实践 [M]. 延吉：延边大学出版社，2019.

[5] 王晓琴，芦静，任丽丽. 档案管理基础理论与实践研究 [M]. 长春：吉林科学技术出版社，2022.

[6] 马爱芝，李容，施林林. 信息时代档案管理工作理论及发展探究 [M]. 长春：吉林大学出版社，2022.

[7] 潘潇璇. 档案管理理论研究 [M]. 延吉：延边大学出版社，2018.

[8] 朱兰. 档案管理理论研究与实践应用 [M]. 北京：中国农业科学技术出版社，2020.

[9] 郝飞，袁帅，李伟媛. 现代档案管理与实践应用研究 [M]. 吉林人民出版社，2021.

[10] 高海涛，李艳，宋夏南. 档案管理与资源开发利用 [M]. 北京日报出版社，2018.

[11] 历娜. 新时代计算机技术在档案管理中的应用研究 [J]. 黑龙江档案，2023（02）：179-181.

[12] 陈悦. 数字化档案管理的应用与发展趋向分析 [J]. 陕西档案，2023（02）：56-57.

[13] 姜光潜. 现代化建设中城市档案管理的作用及发展研究 [J]. 未来城市设计与

运营，2023（04）：81-83.

[14] 张晓晨. 档案管理数字化转型的路径初探 [J]. 档案天地，2023（04）：58-61.

[15] 任玲，晏喜丽. 大数据时代档案管理信息化对策研究 [J]. 中华建设，2023（04）：26-27.

[16] 侯俊丽. 大数据技术在档案管理中的应用探讨 [J]. 科技资讯，2023，21（06）：27-30.

[17] 董恩政. 浅议档案管理现代化现状与优化对策 [J]. 兰台内外，2023（07）：34-36.

[18] 刘建慧. 档案管理信息化与数字化的思考 [J]. 数字技术与应用，2023，41（02）：91-93.

[19] 姚文成，吴圣达，夏梦豪. 基于信息化技术的数字化档案管理 [J]. 工程质量，2023，41（02）：55-58.

[20] 陈星. 如何提升档案管理人员素质 [J]. 现代企业文化，2022（36）：19-21.

[21] 张聪慧. 档案数字化管理研究 [D]. 山东：中共山东省委党校，2022.

[22] 孙华尧. 智慧城市建设背景下城建档案管理研究 [D]. 保定：河北大学，2022.

[23] 曾子玲. 数字档案异地异质备份研究 [D]. 湖南：湘潭大学，2021.

[24] 崔妍. 新《档案法》背景下我国综合档案馆档案展览提升路径研究 [D]. 南京：南京大学，2021.

[25] 包双梅. 我国档案管理体制改革的理论、路径与逻辑 [D]. 江西：南昌大学，2021.

[26] 秦高锋. 数字化档案管理系统的设计与实现 [D]. 西宁：青海师范大学，2021.

[27] 张文磊. 政府机关数字档案室信息资源建设研究 [D]. 湖南：湘潭大学，2020.

[28] 田美霞. 新时代我国档案管理体制改革研究 [D]. 武汉：湖北大学，2020.

[29] 陈莹. 我国数字档案馆标准规范研究 [D]. 武汉：湖北大学，2019.